阅读成就思想……

Read to Achieve

阅想·写趣系列

7步吃透商业提案写作

提案書・企画書の
基本がしっかり身につく本

［日］富田真司（Shinji Tomita）——— 著
魏萍　段克勤——————— 译

中国人民大学出版社
·北京·

图书在版编目（CIP）数据

7步吃透商业提案写作 /（日）富田真司著；魏萍，段克勤译. -- 北京：中国人民大学出版社，2025.3.
ISBN 978-7-300-33486-8

Ⅰ．F713；H152.3

中国国家版本馆CIP数据核字第2025RW8405号

7步吃透商业提案写作

［日］富田真司（Shinji Tomita） 著
魏萍 段克勤 译
7 BU CHITOU SHANGYE TI'AN XIEZUO

出版发行	中国人民大学出版社		
社　　址	北京中关村大街31号	邮政编码	100080
电　　话	010-62511242（总编室）	010-62511770（质管部）	
	010-82501766（邮购部）	010-62514148（门市部）	
	010-62515195（发行公司）	010-62515275（盗版举报）	
网　　址	http://www.crup.com.cn		
经　　销	新华书店		
印　　刷	天津中印联印务有限公司		
开　　本	890 mm×1240 mm　1/32	版　次	2025年3月第1版
印　　张	7.25　插页1	印　次	2025年3月第1次印刷
字　　数	131 000	定　价	59.90元

版权所有　　侵权必究　　印装差错　　负责调换

前言

手握七大锦囊，轻松搞定你的商业提案

■ 要让对方接受，就要逻辑清晰地阐明想法

一听到提案、方案，就会有人抱怨"太难了""不会写"，恨不得扭头就跑。其实，提案也好，方案也好，都是将你关于工作的想法写成文案。如果对此有抗拒心理，你将无法正常地开展工作。

更何况如今的社会已经高度成熟，很少会产生新的需求，如果没有很好的文案写作能力，你又拿什么来争取工作呢？也许，今天比其他任何时候都更需要你的写作能力。

相信大家都曾无数次在工作中感慨："我真想那样做。""明明这样做更好。"或者"应该还有更好的办法。"把这些想法、愿望和建议逻辑清晰地总结出来，写成让客户接受的文案，这就是商业提案。

在商业提案中，最重要的是如何说服对方。如果只是单

纯地罗列想法，却不就内容进行充分传达，那你将无法说服对方。另一方面，很多人想要写出商业提案，结果却因不擅长写作、在写作方法上摸不着门道而浪费了大量的时间和精力，这也是不争的事实。

■ 为不擅长写商业提案的人准备的六个锦囊

本书将提供以下六个锦囊，帮助读者消除抗拒心理，尽可能顺利地写出商业提案。

1. 明确目标，厘清主题，区分提案和方案

本书对提案和方案的使用进行了区分。根据不同的目的，分为简单概述的提案和用于细节规划的方案。

这样一来，即便是新手，也能从容地完成商业提案。

2. 从两个切入点入手，消除抗拒心理

本书分析了产生抗拒心理的原因，并从"提案能力"和"提案三要素"两个切入点入手，提出了对应的解决方案。

3. 提供10种固定格式范本，方便灵活选择

本书提供了10个适用场景多、通用性好的固定格式范本，以简化写作过程。你可以从文章型、图表型、单页型、多页型等不同格式的范本中灵活选择，快速写出符合客户需求的商业提案。

4. 基于构成要素，推进写作进程

本书总结了商业提案的三项构成要素，任何人在写作时都能有章可循。

5. 提供 13 个案例及提案要点，满足不同需求

本书按照面向公司内部、面向客户两个不同的方向，为你提供了 13 个案例。针对每一个案例都明确了写作时的要点，你只需找到对应领域的案例，灵活运用其内容，就能快速写出你需要的商业提案。

6. 总结 5 个诀窍，提高采纳率

本书根据笔者多年的实践经验和成果，总结出了 5 个可以提高商业提案采纳率的写作诀窍。

本书的目标是通过掌握以上六个锦囊，帮助初次写作或不擅长写作的人流畅地写出商业提案。

请注意，本书案例中出现的提案和方案都是样本，所写内容、数值等不一定是真实存在的。

商业提案的写作步骤

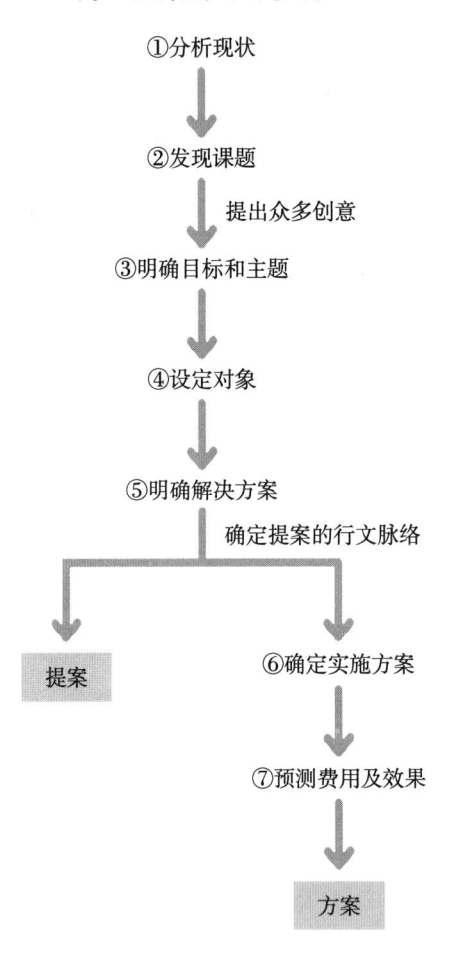

① 分析现状
  ↓
② 发现课题
  ↓ 提出众多创意
③ 明确目标和主题
  ↓
④ 设定对象
  ↓
⑤ 明确解决方案
  ↓ 确定提案的行文脉络
  ├──────────┐
  ↓   ↓
提案   ⑥ 确定实施方案
            ↓
          ⑦ 预测费用及效果
            ↓
          方案

目录

第一部分 消除抗拒感，顺利写作商业提案

01 不会写商业提案，生意场上将损失惨重 // 3
- 为什么需要商业提案 // 3
- 消除对写作商业提案的抗拒心理 // 4
- 商业提案的直接效果和间接效果 // 6

02 所有组织和部门都需要商业提案 // 8
- 无论销售还是会计，都需要写商业提案 // 8
- 从旧的营销形式到新的营销形式 // 9

03 提案和方案的区别 // 12
- 仅指示方向性，还是写出执行内容 // 12
- 提案和方案是如何实现的 // 13
- 提案先从结论写起 // 15

04 商业提案的写作机会众多 // 17
- 通过内部商业提案让公司充满活力 // 17
- 为客户写商业提案的机会也很多 // 18

05 | 委托提案与自主提案的区别 // 21
- 创造工作的自主提案将成为主流 // 21
- 被动的委托提案与主动的自主提案 // 22
- 自主提案的关键是发现课题 // 24

06 | 要消除抗拒心理，必须知道不擅长什么 // 26
- 从商业提案写作能力了解抗拒心理 // 26
- 掌握商业提案构成三要素 // 27

第二部分 如何让商业提案获得采纳

07 | 通过起承展结，把控行文脉络 // 33
- 明确行文脉络，增强说服力 // 33

08 | 将商业提案的内容控制在一页内 // 35
- 一页的提案和方案，胜在简洁易懂 // 35
- 在一页纸的方寸间巧妙布置起承展结 // 36

09 | 掌握商业提案的结构，让写作变得有趣 // 38
- 商业提案的构成三要素 // 38
- 七步骤实现流畅写作 // 39

10 | 商业提案获得采纳的关键点 // 41
- 提高采纳率的五个关键点 // 41

11 | 能契合对方的需要 // 43
- 商业提案要精准解决客户的需求 // 43

12 | 能站在对方的立场给出建议 // 45
- 自说自话的提案不会被采纳 // 45

13 | 内容要简明易懂 // 47
- 务必用浅显、通俗易懂的语言 // 47

14 | 标题充满魅力，能引发共鸣 // 49
- 相同内容也会因措辞变化产生不同的效果 // 49

15 | 能展现提案的效果 // 51
- 为商业提案加入预期效果 // 51

16 | 牢记商业提案的结构 // 53
- 决定格式的四个要点 // 53
- 两种写作类型——文章型和图表型 // 55

17 | 商业提案的时间分配与写作思路 // 57
- 做好时间分配以高效利用有限时间 // 57
- 商业提案的三种写作思路 // 59

18 | 快速变化的时代，写作速度决定胜负 // 61
- 错过良机，就可能失去工作 // 61

19 | 快速写作的日程及诀窍 // 63
- 三天快速完成提案 // 63
- 五天快速完成方案 // 64

20 | 如何使商业提案无冗余又有说服力 // 65
- 不要贸然着手写作 // 65

21 | 有说服力的商业提案的写作技巧 // 67
- 通过 DCK 提高说服力 // 67

第三部分　动手实践！商业提案的 10 种格式范本

22 | 商业提案格式范本（A-F） // 71
- A 型：入门级结论型简易提案 // 71
- B 型：入门级逻辑型简易提案 // 73
- C 型：初级结论型综合提案 // 75
- D 型：初级逻辑型综合提案 // 75
- E 型：中级结论型综合产品提案 // 75
- F 型：中级结论型综合业务提案 // 76

23 | 商业提案格式范本（G-J） // 81
- G 型：初级逻辑型简明文字提案 // 81
- H 型：中级逻辑型综合文字提案 // 82
- I 型：高级逻辑型简明综合提案 // 88
- J 型：高级逻辑型综合提案 // 88

第四部分　商业提案的三个构成要素

24 | 现状分析是商业提案的起点 // 99
- 商业提案内容依据的大前提 // 99

- 信息收集的两种方式 // 101
- 课题需要哪些信息 // 102
- 使用委托提案意见征集单收集信息 // 104
- 使用自主提案意见征集单收集信息 // 106

25 | 发现课题 // 108
- 设定课题是基础 // 108

26 | 确定基本方针——目的与目标 // 110
- 理念是用以说服对方的"专注与追求" // 110
- 确定市场定位 // 112
- 明确设定对象 // 114

27 | 提出结论——解决方案 // 116
- 解决方案要有鲜明的切入点和着眼点 // 116
- 决定适合提案的标题 // 118

28 | 制订实施计划 // 120
- 将内容和方法具体化,订立时间表 // 120
- 预测效果 // 122

29 | 让商业提案更具统合性 // 124
- 是否具备连贯性、逻辑性和故事性 // 124

30 | 进行文稿演示 // 126
- 如何进行有效的文稿演示 // 126

31 | 合理利用最后 15 秒归纳主旨 // 128
- 明确最想说的话 // 128

第五部分 学以致用！公司内部商业提案案例

32 | 公司内部提案的写作条件 // 133
- 任何部门都有机会 // 133
- 公司内部提案要简单、快速、低成本 // 135

33 | 案例1：网络获客提案 // 137
- 网络获客的要点 // 137
- 实例：网络访客寻宝大作战提案 // 139

34 | 案例2：业务改进提案 // 142
- 如何进行有关业务改进的提案 // 142
- 30分钟得出结论的"30C会议"提案 // 144

35 | 案例3：人事考核制度改进提案 // 146
- 人事考核制度改进提案的要点 // 146
- 360度考核与目标管理考核提案 // 148

36 | 案例4：投诉对策提案 // 150
- 投诉对策提案的要点 // 150
- 零投诉"四叶草行动"提案 // 152

37 | 案例5：能力提升提案 // 154
- 能力提升提案的要点 // 154

- "营销经理资格培训讲座"提案　// 156

38 ｜ 案例6：新业务提案　// 160
- 如何进行新业务提案　// 160
- 面向老年人的生活助手新业务提案　// 162

39 ｜ 案例7：新品上市推广提案　// 167
- 新品上市推广提案的要点　// 167
- 对话型防盗机器人上市推广提案　// 168

第六部分　学以致用！给客户的商业提案案例

40 ｜ 挖掘客户的提案需求　// 177
- 各部门给客户的提案有哪些　// 177
- 给客户提案的要点　// 178

41 ｜ 案例1：锁定客户提案　// 180
- 如何促进客户持续购买　// 180
- "提高客户满意度，打造店铺粉丝"提案　// 182

42 ｜ 案例2：创造需求提案　// 184
- 创造需求提案的要点　// 184
- "安心・安全生活"卖场提案　// 186

43 ｜ 案例3：利用SNS提案　// 188
- 如何有效利用SNS　// 188
- 利用SNS进行内容营销的提案　// 190

44 | 案例4：网络购物促销提案 // 193
- 网络购物促销提案的要点 // 193
- 网购"信息发布应用程序开发"提案 // 195

45 | 案例5：区域振兴提案 // 197
- 区域振兴提案的要点 // 197
- "未来可期的城市建设"提案 // 199

46 | 案例6：健康老年商业提案 // 206
- 如何开拓老年商务需求 // 206
- "助力开拓老年健康市场"提案 // 208

结语　在剧变时代，商业提案必不可少 // 215

第一部分

PART 1

消除抗拒感,顺利写作商业提案

01

不会写商业提案，生意场上将损失惨重

■ 为什么需要商业提案

在商务活动中，无论推进任何业务，商业提案必不可少。为什么我们必须将想法写成商业提案？原因如下：

- 口头陈述的想法，如不付诸实施，起不到任何作用；
- 商业提案一经通过，就会传播下去，被更多的人看到并做出判断。

口头陈述的商业提案，一旦讲完就会成为过去的话题，人们也不会记得是谁提出了什么样的提案。在很多情况下，你不但得不到上司和客户的肯定，你的创意还可能被其他公司窃取，导致错失重大商机，损失惨重。

商业提案往往会作为申请书或请示报告的附件提交，其内容会衍生责任，因此，商业提案也需要满足客户的一系列需求。

> **为什么需要商业提案**
>
> 理由 1
> 口头陈述的想法容易被遗忘
>
> - 忘记是谁的提案；
> - "提供信息而已"，构不成提案。
>
> ➡ 因此，需要写成提案并提交
>
> 理由 2
> 商业提案的传播范围更广
>
> - 作为内部申请书和请示报告的附件提交；
> - 提案内容会衍生责任。
>
> ➡ 因此，所写内容必须真实可靠

■ 消除对写作商业提案的抗拒心理

将工作中自己想做的事写成具体的文案，这就是商业提案。

商业提案的写作是我们工作不可或缺的能力之一，但很多人对此缺乏自信。根据笔者多年的经验，每五个人中就有两三个人对此怀有抗拒心理。

当我们仔细分析抗拒心理产生的原因，发现主要有以下两个。

首先，商业提案属于文件，而文件必须满足一定的格式要求，还要求作者对内容负责。

不知道该怎么写，又不能不负责任地胡写。当这种想法变得强烈时，你的抗拒感就会越来越强。

其次，不擅长提出创意。

商业提案要求其内容必须具有独创性，很多人没有自信想出新奇且吸引人的创意，这成为产生抗拒心理的一个重要原因。

本书介绍了消除抗拒心理的方法。在你读完本书后，一定会对商业提案的写作增添更多的自信。

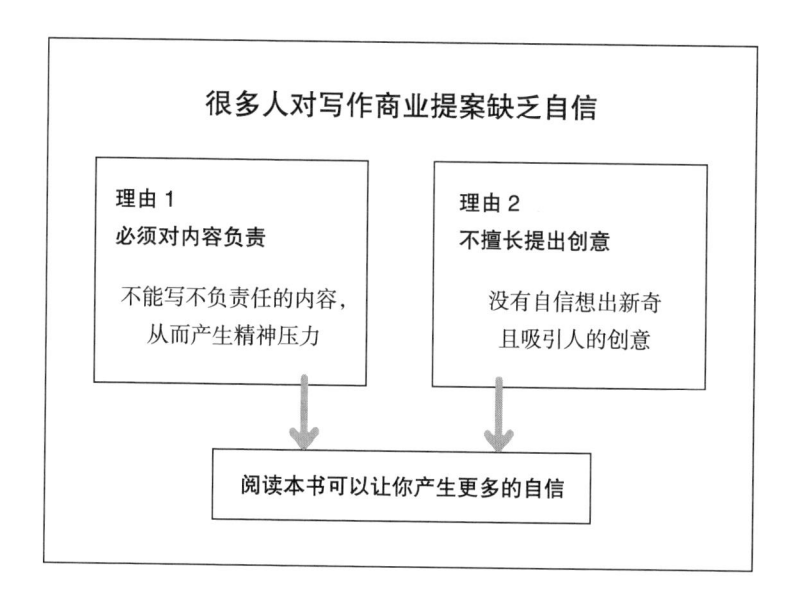

很多人对写作商业提案缺乏自信

理由 1
必须对内容负责

不能写不负责任的内容，从而产生精神压力

理由 2
不擅长提出创意

没有自信想出新奇且吸引人的创意

↓　　　　↓

阅读本书可以让你产生更多的自信

■ **商业提案的直接效果和间接效果**

把自己的想法写成商业提案以后，会产生什么样的效果呢？

这些效果可分为直接效果和间接效果。商业提案本身产生的是第一效果，包括：

- 获得向他人展示能力的绝好机会；
- 你的能力得到客观的评价。

不仅如此，当商业提案被采纳后，还会产生如下的间接效果：

- 产生新的业务或项目，提高公司内部对你的评价；
- 客户将提案内容作为工作委托给你的公司，你的能力获得认可。

那么，如果提案未被采纳，就没有任何效果吗？并不是这样的。即使提案没有被采纳，客户对你的评价——"在必要时能够提出有益建议的人"也会留存下来。当客户遇到业务上的困难时，极大可能还是会第一个找你商议，请你给出建议。

商业提案的两种效果

```
┌─────────────────────────────────────────────┐
│                   直接效果                    │
│   ┌─────────────┐         ┌─────────────┐   │
│   │  展示个人能力  │         │  获得相应认可  │   │
│   └─────────────┘         └─────────────┘   │
└─────────────────────────────────────────────┘
                      ↓
┌─────────────────────────────────────────────┐
│                   间接效果                    │
│   ┌─────────────────┐   ┌─────────────────┐ │
│   │ 客户采纳         │   │ 公司内部采纳      │ │
│   │ ● 收获委托业务   │   │ ● 个人评价提高    │ │
│   │ ● 留下"有提案写作│   │ ● 为公司做出贡献  │ │
│   │   能力"的印象    │   │                 │ │
│   └─────────────────┘   └─────────────────┘ │
└─────────────────────────────────────────────┘
```

02

所有组织和部门都需要商业提案

■ 无论销售还是会计，都需要写商业提案

写作商业提案往往被认为是策划部门或营销部门才需要做的工作，但事实上，需要写商业提案的人包括所有组织、部门和职位：

- 民间企业、政府机关、团体等所有组织；
- 经营策划、销售、行政、会计、产品策划、制造、技术、IT、采购、市场营销等所有部门；
- 从经营者到新员工的所有人员，不论职务头衔和工作年限。

无论从事销售工作，还是会计工作，所有人都要具备写作商业提案的能力。

即使是总经理、高管、部门经理，也有写商业提案的必要，因为创造工作和改善业务并非只是特定职位和部门的人的工作。

哪些人需要写商业提案

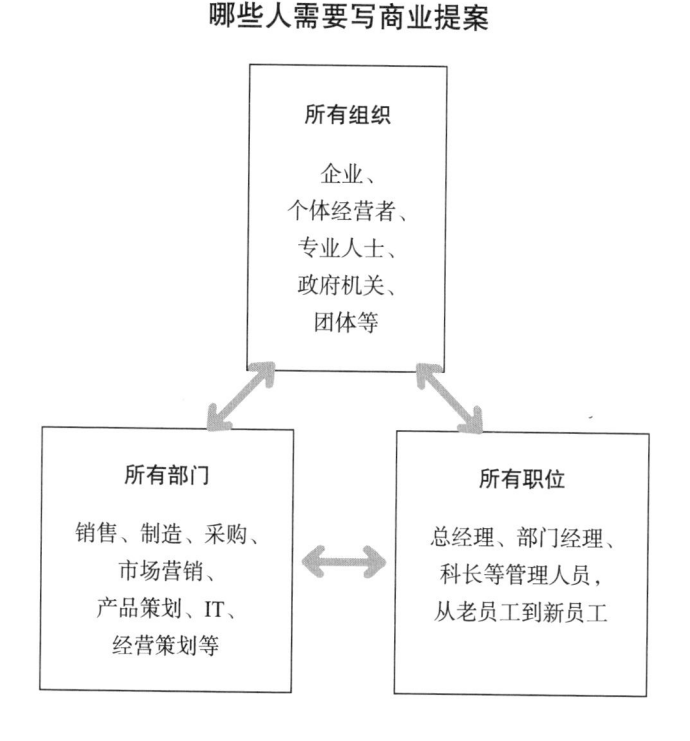

所有组织
企业、个体经营者、专业人士、政府机关、团体等

所有部门
销售、制造、采购、市场营销、产品策划、IT、经营策划等

所有职位
总经理、部门经理、科长等管理人员，从老员工到新员工

■ 从旧的营销形式到新的营销形式

在经济不景气的今天，公司各部门都需要员工能够积极主动地写商业提案。那些没有提案写作能力的被动型员工，正在逐渐被时代所抛弃。

先说销售行业。在过去，最常见的营销形式主要有两种：一种是偷懒式营销，一种是跑腿式营销。在日本经济高速增长时期，工作量是自然增多的，所以即便是偷懒式营销，或者跑腿式营销，也能取得很好的业绩。

此外，还有一种营销形式，现在可能还存在，那就是强卖式营销。在过去，即使是这种类型的营销，也有可能拿到不错的业绩。

但在商业活动成熟的今天，如果我们强行推销，那恐怕连对方的面都见不到了，更别提拿到什么销售业绩。那么，在当今这个时代，新的营销形式又是什么呢？答案必然是：

- 持续不断收集客户信息，在最佳时机提交商业提案；
- 帮助客户解决难点问题，获得客户信任与欢迎，随着客户销售额的扩大，提高本公司的收益。

这些就是"市场营销""提案式营销"和"顾问式营销"。如果你本身具备提案写作能力和策划能力，即使不搞营销活动，当客户遇到困难时，他们也会第一时间找你商量。

营销方式向顾问式营销转变

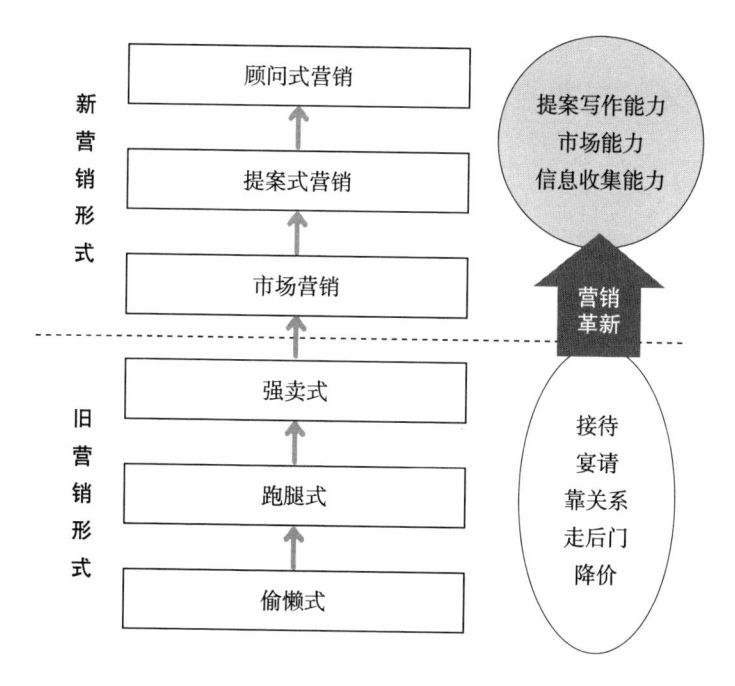

新营销形式
- 顾问式营销
- 提案式营销
- 市场营销

旧营销形式
- 强卖式
- 跑腿式
- 偷懒式

营销革新：
- 提案写作能力
- 市场能力
- 信息收集能力

- 接待
- 宴请
- 靠关系
- 走后门
- 降价

03 提案和方案的区别

■ 仅指示方向性，还是写出执行内容

提案和方案到底有什么不同呢？这两个词在商务场合都很常用，但并没有一个严格的定义或用法区分。从字面意思来看，二者的区别大致如下：

- 提案是从创意层面出发，指出解决的方向即可；
- 方案是对提案的进一步具体化，将解决方法呈现为可执行的内容。

提案只需满足项目要件的要求即可，不必写得非常详细，因此相对比较容易；而方案的内容会更加具体，并需要提供支撑材料、实施费用、执行效果等。

不过，在实际的商务场合，人们对两类文案的印象其实是相互重叠且难以区分的。

在本书中，为了帮助你更有效地实施商业提案，特将提案与方案的使用做出明确区分。

提案与方案的区别

	提案	方案
内容	从解决的创意层面出发，写成指示方向性的文案	把解决的创意具体化，写成具备可执行性的文案
提案项目	无特别规定，可根据需要选择项目	需加入规定项目，按照方案写作项目进行写作
写作难度	可以根据目的和用途，相对简单地完成写作	普遍给人以非常难写的印象，令人望而却步

■ 提案和方案是如何实现的

如前所述，提案和方案实际上并没有严格的使用区分，但有人可能会说："我不擅长写方案，但我好像可以写提案。"这是因为在大家的印象中，提案写起来比较容易，而方案写起来十分困难。

本书对提案和方案的使用进行区分，主要基于以下过程：

- 进行创意层面的口头说明；
- 写作提案指明方向；
- 写作方案将实施过程具体化。

有时在实施阶段还会制订计划书。不过，在实际的商务推进工作中，不一定会明确区分提案、方案和计划书，并按此顺序推进工作。既有口头说明之后就写方案，也有提案之后就制订计划书，还有在没有计划书的情况下，仅凭方案来推动工作的。

市场上已出版的相关书籍大部分是关于方案的，其中有很多书的标题虽然并列写着提案、方案，但内容都是依照方案的标准编写的。尽管如此，区分提案和方案并充分了解其实现过程仍然非常重要。

从提案、方案到计划书的过程

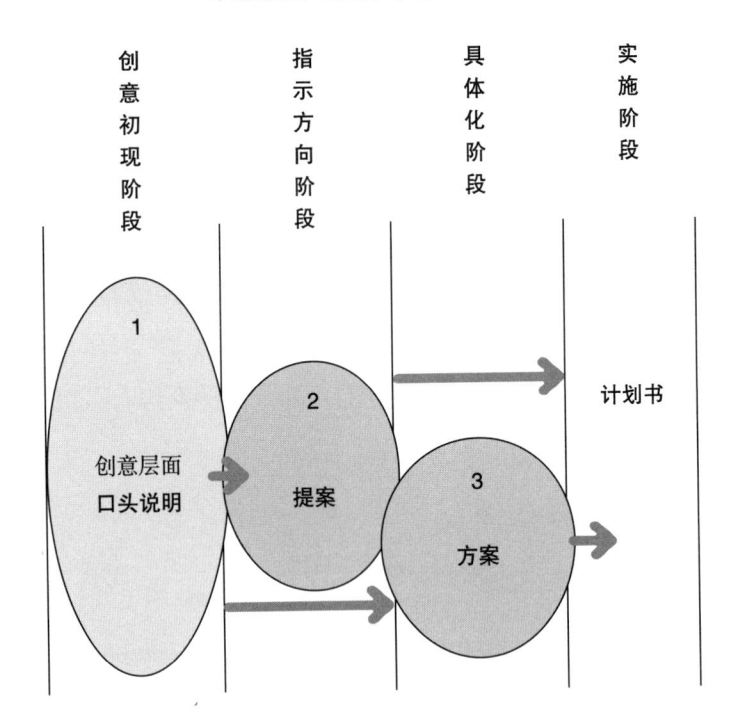

创意初现阶段	指示方向阶段	具体化阶段	实施阶段
1 创意层面 口头说明	2 提案	3 方案	计划书

■ 提案先从结论写起

和日本一样，美国对于提案和方案的使用区分也不明确，但二者的指称词是截然分开的，提案称为"proposal"，方案称为"plan"。

- 提案是对于工作要点的记录，可以轻松实施。
- 方案则是对基本构想的提议，也是最终版的提案很难重写或进行修改和变更。

提案不包括方案的演示部分。用于演示的文件和方案，被称为演示文档。另外，美国还使用"recommendation（推荐）"一词，用来指称多个方案中的推荐方案。

美式写法的最大特点是贯彻"从结论开始写"的思想。首先叙述结论，然后以"原因是……"的形式导入说明，使观点变得更加清晰。

在日本，以前大多采用逻辑展开式的提案写作方法，即先说明理由，后阐述结论。与美式写法相比，各有所长。

如果能根据对象、状况和场景的不同，很好地区分使用这两种方式，可以提升商业提案的写作效果。

背景与结论的写作顺序

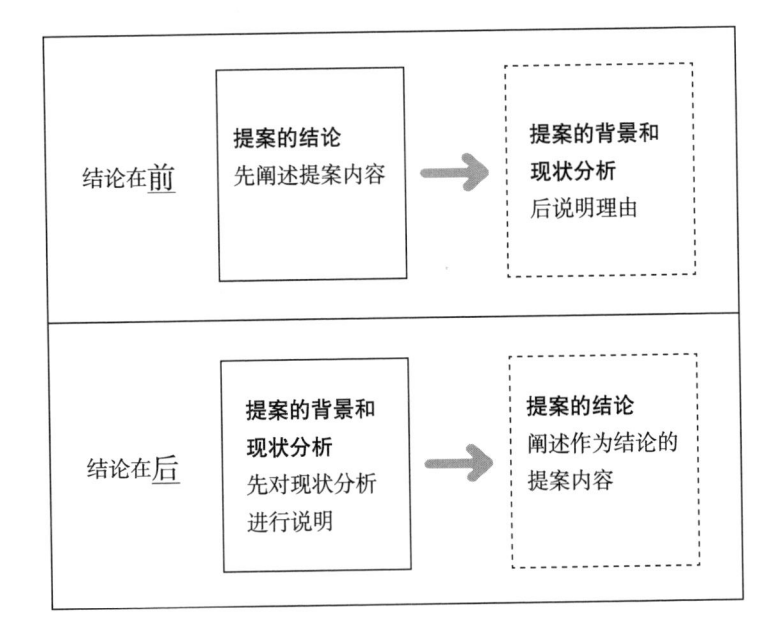

结论在**前**	**提案的结论** 先阐述提案内容	→ **提案的背景和现状分析** 后说明理由
结论在**后**	**提案的背景和现状分析** 先对现状分析进行说明	→ **提案的结论** 阐述作为结论的提案内容

04

商业提案的写作机会众多

■ 通过内部商业提案让公司充满活力

要写出切实有效的内部商业提案，首先必须正确把握存在的课题。公司内部有很多课题，需要自己主动去创造机会。

- 加快决策速度（组织扁平化、打破职务瓶颈、委托授权等）。
- 建立符合客户需求的机制（信息共享、响应提速等）。
- 善用各类人才（老年人、女性、年轻员工、劳务派遣员工等）。
- 提升员工技能（销售部门：拓展新业务、提升销售力，提升各部门能力等）。
- 削减经费，提高运营效率（推进IT化、削减经费、削减人力成本等）。
- 提升客户满意度（锁定现有客户、优化投诉对策等）；
- 加强个人信息保护（全面实施数据管理、提升安全性措施等）。

- 应对环境问题（商品、包装、垃圾等）。

为公司内部写商业提案的机会如此之多

- **加快决策速度**
  组织扁平化、打破职务瓶颈、委托授权等

- **建立符合客户需求的机制**
  信息共享、响应提速等

- **善用各类人才**
  老年人、女性、年轻员工、劳务派遣员工等

- **提升员工技能**
  提升各部门能力。
  销售部门：拓展新业务、提升销售力等

为公司内部写商业提案的机会

- **削减经费、提高运营效率**
  推进IT化、削减经费、削减人力成本等

- **提升客户满意度**
  锁定现有客户、优化投诉对策等

- **加强个人信息保护**
  全面实施数据管理、提升安全性措施等

- **应对环境问题**
  商品、包装、垃圾等

■ 为客户写商业提案的机会也很多

为客户写的商业提案，部分来自对方的委托。但是，我们应该不断自主写作提案，以扩大商机。

那么，什么样的商业提案才是客户可能需要的呢？这里我举几个具备普遍性的课题。把这些课题与自己的工作相结合，再深入挖掘，在自己最自信、最精通、最擅长的领域进行尝试，你的创意就会源源不断。

- 客户开发（开发新客户、创造需求等）。
- 客户管理（锁定客户、运用 IT 等）。
- 放松管制与强化监管（强化个人信息保护、制定存款偿付、结构改革特区[①]对策等）。
- 开拓新方法（引入新的市场营销方法、新的互联网手段等）。
- 拓展客源（获客活动、区域营销对策、异常天气对策等）。
- 优化广告和促销（大众传媒广告、直销广告、传单、IT 媒体等）。
- 协同合作（跨行业合作、同行业合作、同一客户、同一理念等）。
- 环保措施（安全、安心、垃圾、包装等）。
- 降低成本（统一采购、网络公开招标、订购系统合理化等）。

---

① 日本 2002 年通过"结构改革特别区域法"，为搞活地方经济，允许在特定区域（特区）放宽全国统一的限制。——译者注

给客户写提案的机会也很多

- **客户开发**
  开发新客户、创造需求等

- **客户管理**
  锁定客户、运用IT等

- **放松管制与强化监管**
  强化个人信息保护、制定存款偿付、结构改革特区对策等

- **开拓新方法**
  引入新的市场营销方法、新的互联网手段等

- **拓展客源**
  获客活动、区域营销对策、异常天气对策等

- **优化广告和促销**
  大众传媒广告、直销广告、传单、IT媒体等

- **协同合作**
  跨行业合作、同行业合作、同一客户、同一理念等

- **环保措施**
  安全、安心、垃圾、包装等

- **降低成本**
  统一采购、网络公开招标、订购系统合理化等

（为客户写提案的机会）

05

委托提案与自主提案的区别

■ 创造工作的自主提案将成为主流

商业提案有以下两种：

- 接受对方委托而进行的委托提案；
- 无关委托而自主进行的自主提案。

如今，接受上司或客户的委托而撰写商业提案的机会越来越有限，传统的委托提案正在不断减少。

今后的趋势是上司和客户可能只会在迫于需要的情况下才会提出委托，而且是内容级别非常高的委托。但除此之外，获得委托提案的机会无疑会变得微乎其微。

从今往后，自主提案将成为主流。要想让业务进展顺利，就必须进行自主提案和策划。从自己做起，大胆尝试吧。

从委托提案到自主提案是时代潮流

	委托提案	自主提案
迄今为止	来自上司和客户的委托提案曾经很多	以前不太多
从今往后	来自上司和客户的委托提案将减少	将日益增多

■ 被动的委托提案与主动的自主提案

委托提案和自主提案的显著区别在于，委托提案是被动的接受，自主提案则是主动的出击。为什么会有这样的差异呢？

在持续开展相同业务的工作环境中，应该做什么在一定程度上是明确的。换句话说就是，下一步工作应该做什么很容易判断，因此，上司和客户也很容易下达委托提案；相反，如果上司和客户摸不清业务情况，看不出该如何推进工作，也就很难下达委托提案。

- 委托提案有明确的课题，自主提案必须靠自己创造课题。
- 高速增长期委托提案多，经济萧条期自主提案机会增加。
- 委托提案竞争激烈，自主提案则是单独进行。
- 给客户的自主提案，内容不好就接不到订单。
- 自主提案也是展示个人能力的方式。

委托提案和自主提案存在着诸多区别，不用赘言也可以看出，最考验商业提案内容质量好坏的，正是自主提案。

商业提案的两种类型

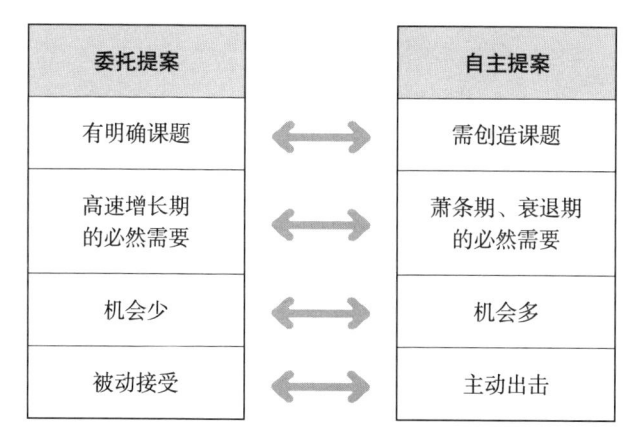

委托提案		自主提案
有明确课题	⇔	需创造课题
高速增长期的必然需要	⇔	萧条期、衰退期的必然需要
机会少	⇔	机会多
被动接受	⇔	主动出击

如果是给客户的提案

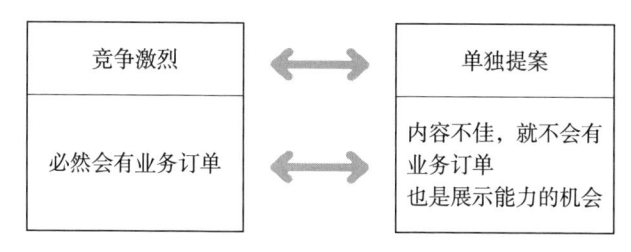

竞争激烈	⇔	单独提案
必然会有业务订单	⇔	内容不佳，就不会有业务订单 也是展示能力的机会

■ 自主提案的关键是发现课题

商业提案因类型不同，其内容必然也有所不同。

- 委托提案中，比内容和条件更重要的是如何解决。因此，其重点是提供具体的解决方案。
- 自主提案从"为什么要进行提案"出发，并基于发现的课题来提出解决方案。因此，与委托提案相比，自主提案需要更多内容。

如果是委托提案，委托者往往已经明示了问题点和课题，对于提案也会进行严格的评审。因此，提案需要附上其他公司的实施状况等支撑数据，并预测实施后的效果。

自主提案最难的是发现课题。因为在自主提案的情况下，无法从目标客户处获取更多信息，要靠自己去准确发现课题。

如果问题点找错了，课题自然也不能切中要害。如果课题错了，提出的解决方案也就会偏离目标。这样的商业提案当然不会被采纳。

不过，如果课题的设定或提案的切入点很好，也有可能获得高度评价，并以此为契机，获得再次合作的机会。

提案获得采纳的关键点

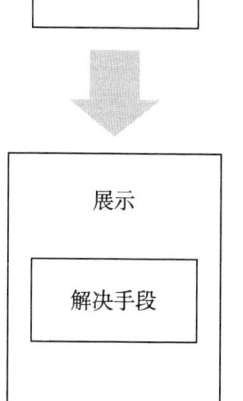

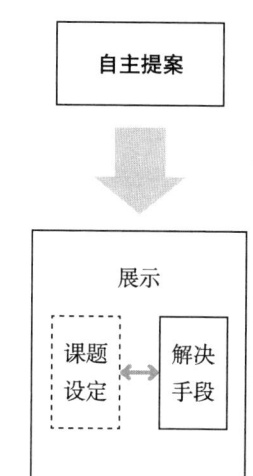

```
┌──────────────┐              ┌──────────────┐
│   委托提案   │              │   自主提案   │
└──────────────┘              └──────────────┘
        ↓                             ↓
┌──────────────────┐          ┌──────────────────────┐
│      展示        │          │        展示          │
│                  │          │                      │
│  ┌────────────┐  │          │  ┌────┐    ┌────┐   │
│  │  解决手段  │  │          │  │课题│ ↔ │解决│   │
│  └────────────┘  │          │  │设定│    │手段│   │
│                  │          │  └────┘    └────┘   │
└──────────────────┘          └──────────────────────┘
```

06

要消除抗拒心理，必须知道不擅长什么

■ 从商业提案写作能力了解抗拒心理

不要简单地认为自己不擅长写商业提案。要搞清楚自己哪里不擅长、如何不擅长，这样才能克服对写作提案的抗拒感。让我们从个人的提案写作能力出发，思考一下抗拒感的来由及其对策吧。在此，提供基于以下三个理由的对策。

- 第1个理由：不知道应该就什么问题、写出怎样的提案。
- 第2个理由：有想法，但不知道如何写作。
- 第3个理由：希望写出的提案更具说服力。

如果是1种情况下，要牢记提案的根本目的是"发现课题并思考解决方法"，掌握提案的构成要素及写作流程；如果是第2种情况，可以参照商业提案的格式范本和案例；如果是第3种情况，则要就如何精心安排结构、选择标题措辞、加入数据与案例、预测效果等进行学习。

从商业提案写作能力分析抗拒感的三个理由及其对策

商业提案写作能力	对策
第 1 个理由 不知道应该就什么问题、写出怎样的提案	理解提案因何而存在。学习如何从棘手的难题和市场变化中发现课题,思考解决方案,并写成文案提交 →"掌握商业提案的结构,让写作变得有趣"(见第 38 页)
第 2 个理由 有提案的想法,但不知道如何写作	学习如何写作商业提案。本书提供了商业提案的格式范本和案例,供读者参考 →"商业提案格式范本(A—F)"(见第 71 页) →"商业提案案例"(见第五部分和第六部分)
第 3 个理由 希望写出的提案更具说服力	学习如何精心安排结构、选择标题措辞、加入数据与案例、预测效果等 →"标题充满魅力,能引发共鸣"(见第 49 页) →"能展现提案的效果"(见第 51 页)

■ 掌握商业提案构成三要素

本节我们将尝试从商业提案的构成要素出发,思考抗拒感的来由及其对策。写作商业提案需要经过三个阶段,这三个阶段就是商业提案的构成要素。

- 第 1 阶段"现状分析":快速高效收集信息,从中发现课题。
- 第 2 阶段"基本方针":由课题出发,明确目的和目标,找到提案写作的切入点。

- 第3阶段"解决方案":为实现目的、目标而制定的具体写作内容。

在现状分析阶段,学习如何发现课题,能帮助我们克服对写作的抗拒感。

在基本方针阶段,学习如何理解构成商业提案基本部分的目的、目标和对象。

在解决方案阶段,学习如何将抽象的方针具体化,并通过收集成功事例来消除抗拒心理。另外,在这个部分还涉及费用和效果问题,即解决问题需要花多少钱、可以期待什么样的效果。

写作商业提案时,学会如何在写作商业提案时注意逻辑严密、前后连贯,并运用有说服力的措辞,就能克服对写作的抗拒感。

从商业提案构成三要素分析抗拒心理及其对策

构成要素	对策
第1阶段 现状分析 "从现状分析中发现课题"	学习如何快速、高效地收集信息 →现状分析是写作商业提案的起点(见第99页) →发现课题(见第108页)
第2阶段 基本方针 目的、目标和对象、标题、切入点	学习何为提案的目标,如何把握对象,找到解决的切入点 →确定成为基本方针的目的和目标(见第110页)

构成要素	对策
第 3 阶段 **1. 解决方案** 解决的具体手段 提案内容 **2. 费用和效果** 提案所需的费用和效果	掌握基本的专业能力,收集成功案例 →提出作为结论的解决方案(见第 116 页) →制订实施计划(见第 120 页) 积累经验,掌握估算。警惕计算错误或忘记估价 →预测效果(见第 122 页)

⬇

把想法写成商业提案

参考商业提案的格式范本和案例,学习逻辑严密、前后连贯的行文方式、运用有说服力的遣词造句等写作方法。
→"商业提案格式范本(A—F)"(见第 71~80 页)

第二部分

PART 2

如何让商业提案获得采纳

07

通过起承展结，把控行文脉络

■ 明确行文脉络，增强说服力

在写作商业提案时，要注意保持整体行文脉络的连贯，用"起承展结"的方式写成简洁的文案，让对方易读易懂，这一点十分重要。

- 起：从指出问题点到发现课题。
- 承：基本方针与提案的主体，包括目的、对象、主题、切入点等基本事项。
- 展：具体解决方案的展开，包括方法、内容、规模等。
- 结：提案最后的总括部分，包括实施提案的费用及效果。

起承展结可以与"起（现状分析）""承（基本方针）""展·结（解决方案、费用和效果）"三项构成要素保持一致。如果是方案，则意味着要开展论述。

通过张弛有度的行文，让对方很容易就内容做出判断，并留下强烈的印象，同时还要注意避免加入多余的内容导致连贯性的丧失。

商业提案的有效写作方法

●明确行文脉络

要明确起承展结,让整体带有故事感。
要充分运用最后的 15 秒,说明提案内容的主旨。

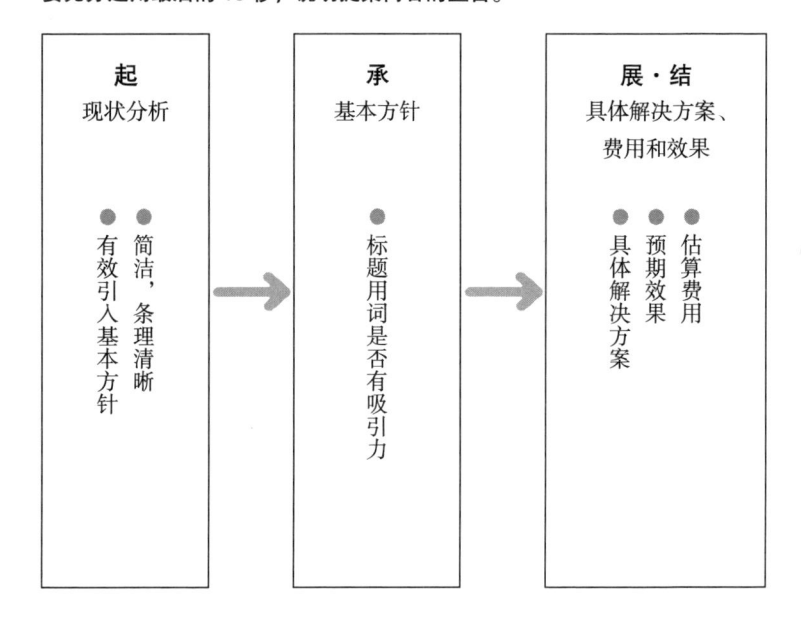

起 现状分析	承 基本方针	展·结 具体解决方案、费用和效果
● 简洁,条理清晰 ● 有效引入基本方针	● 标题用词是否有吸引力	● 具体解决方案 ● 预期效果 ● 估算费用

08

将商业提案的内容控制在一页内

■ 一页的提案和方案，胜在简洁易懂

商业提案越简洁越好，最理想的形式就是只有一页内容。其优点如下：

- 要点全都写在一张纸上，主旨更加鲜明；
- 因简洁且易于保存，只有一页的商业提案也更受客户欢迎。

当然，如需补充资料，可另页单独附上。

在过去，人们认为越厚的商业提案越重要，直到今天，仍有很多人这么认为。

但近年来，商业提案因厚实而被采纳的例子日益减少，人们甚至有了逐渐敬而远之的倾向。对于厚厚的方案，工作繁忙的上司和客户只会粗略一看，并不会仔细阅读，因此也就没有了说服力。

■ 在一页纸的方寸间巧妙布置起承展结

在仅有一页的商业提案中，必须省去多余的内容，在一页纸中清晰地展现起承展结。下页提供了只有一页纸的商业提案的范例，整体分为三部分，纸的左端为起，中间为承，展和结置于纸的右端。

- 起：重点写清影响课题设定的内容。
- 承：基本方针部分，标题起决定性作用。
- 展：通俗易懂地说明提案的具体展开。
- 结：简洁写明预算费用和预期效果。

在"起"的部分，内容太少将削弱说服力，内容太多又会变得冗长乏味；在"承"的部分，必须使方针和实施要点之间具有联动性和统一性。

当一家企业收到多家公司的竞争提案时，比较普遍的一种做法是给每家公司固定时间进行演示。包括回答问题在内，全部内容都必须在规定时间内完成，一旦超时，演示即告失败。因此，用来演示商业提案的时间分配也成为重要因素。

如果是只有一页纸的商业提案，包括提问与回答的时间在内，15分钟就足以完成内容的演示。10分钟用于说明，5分钟用于回答问题，这个时长对于繁忙的上司和客户来说，恰到好处。

只有一页的提案和方案范例

客户名：_____

×××××× 提案

提案日期
提案公司名

一、现状分析 【起】

1. 社会环境
2. 市场动向
3. 消费者趋势
4. 竞争情况
5. 贵公司情况
6. 问题点归纳与课题
   - 从问题点归纳中发现课题

重点写清影响课题设定的内容
- 内容太少，缺乏说服力
- 内容太多，冗长乏味

二、基本方针 【承】

1. 目的（目标、课题）
2. 对象
3. 基本方针（理念、标题）
4. 实施要点

- 设定明确的目的和对象
- 标题决定成败
- 要点之间要具有联动性、统一性

三、具体展开 【展】

1. 实施方法
2. 内容（呈现方法）
3. 实施日程

具体、易懂
详情单独附页说明

4. 预算（或收益计划）
5. 预期效果

【结】

简洁写作

09

掌握商业提案的结构，让写作变得有趣

■ 商业提案的构成三要素

商业提案给人的印象往往是很难写，但如果掌握了它的三项构成要素，写起来就比较容易了。

- 现状分析。从与商业提案相关的现状分析中发现课题。
- 基本方针。为商业提案设定目的、对象、标题。
- 解决方案。就解决问题的手段和方法、所需费用、时间表以及实施后的效果等提出建议。

商业提案的写作顺序

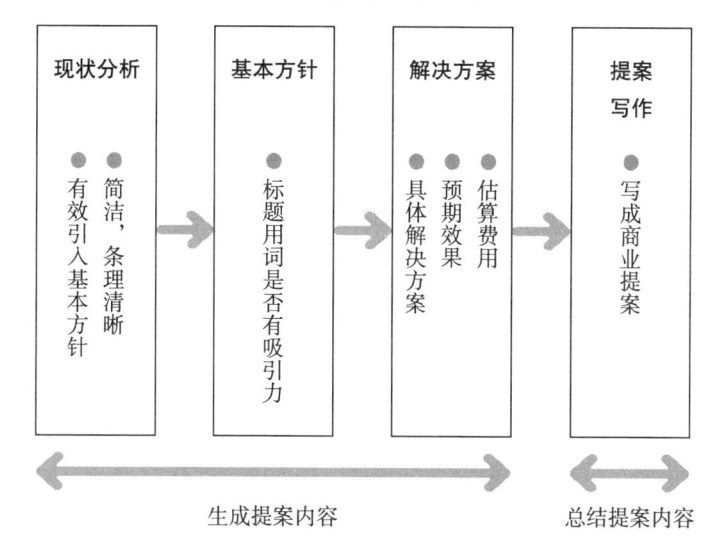

```
现状分析 → 基本方针 → 解决方案 → 提案写作
```

- 现状分析：有效引入基本方针；简洁，条理清晰
- 基本方针：标题用词是否有吸引力
- 解决方案：估算费用；预期效果；具体解决方案
- 提案写作：写成商业提案

←—— 生成提案内容 ——→　←— 总结提案内容 —→

■ 七步骤实现流畅写作

商业提案的写作可以按照三要素七步骤来进行。

- 第1要素：发现课题

第1步：现状分析。这部分包括：分析最新社会趋势的社会环境动向，与方案所涉商品、服务相关的市场与消费者动向，梳理竞争情况的竞争状况分析，明确问题点的客户现状分析等，以此找出客户存在的问题。

第2步：发现课题。从第1步找到的所有问题中，选取重要且有解决可能的问题，作为你所发现的需要解决的课题。

- 第 2 要素：制定基本方针

第 3 步：明确目标和主题。明确解决问题的基本策略，如目标、目的、理念、主题、标题等。

第 4 步：设定对象。明确设定商业目标，即选择的对象是谁。

第 5 步：明确解决方案。为了解决课题，对已设定的对象，决定采用怎样的解决方案。同时，明确解决方案的要点。

- 第 3 要素：展开解决方案

第 6 步：确定实施方案。确定解决课题所用手段的具体内容、方法，并明确时间表等。

第 7 步：预测费用及效果。最后，对实施方案所需的费用，以及相应的效果进行预测。

将以上七个步骤内容全部包含在内，就是一份完美的商业提案，也就是方案。

提案则是从以上步骤中选出重要内容，集中于要点部分的缩小版方案。

10 商业提案获得采纳的关键点

■ 提高采纳率的五个关键点

获得采纳的商业提案通常具备以下五个特点:

- 能契合对方的需要;
- 能站在对方的立场给出建议;
- 内容要简明易懂;
- 标题充满魅力,能引发共鸣;
- 能展现提案的效果。

用自己的逻辑去思考问题是我们在写提案时很容易犯的一个错误,要尽量避免使用专业术语和生涩难懂的词汇。

标题能起到概括全文的目的,所以它也能成为让对方想读下去的强烈契机。

展现提案的效果是最难的,只有写清实施提案后会产生什么样的效果,才有可能被采纳。

提高采纳率的五个关键点

与客户的关系	1 能契合对方的需要	2 能站在对方的立场给出建议
提案内容	3 内容要简明易懂	4 标题充满魅力，能引发共鸣
提案效果	5 能展现提案的效果	

11 能契合对方的需要

■ 商业提案要精准解决客户的需求

商业提案必须紧扣对方的需求与待解决的课题，这一点虽然看似简单，但却最容易被忽略。实际情况是，人们一旦认为自己想到了一个好主意，往往就会沉迷其中，并且在过程中走偏了方向也浑然不知。

那么，为了不与客户的需求和课题脱节，请注意以下事项：

- 为了不使提案偏离目标，把对方的需求写在自己随时看得见的地方；
- 邀请第三方阅读商业提案，最后确定内容，并加入"预期效果"。

要保证商业提案的核心不会偏离对方的需求，这一点非常重要。过多加入各种要素，会令文案内容复杂，进而影响对方对解决方案的理解。

最后一定不要忘记加入预期效果，说明对方的需求和课题如何通过本提案得到解决。

商业提案获得采纳的五个关键点之一

能契合对方的需求

要点

不要让提案偏离对方的需求

自查方法

将需求写在随时看得见的地方

邀请第三方阅读

最后确定内容,并加入与期待相应的预期效果

12

能站在对方的立场给出建议

■ 自说自话的提案不会被采纳

写作商业提案时必须始终站在对方的立场上。然而，最常见的一种失误就是没有站在对方立场上进行思考，最后导致提案不被采纳。

为了避免这种情况发生，你必须做到以下几点：

- 要充分理解对方的特殊情况，不要以提案者的立场或逻辑来自说自话；
- 了解对方所在行业的规则、规定，充分了解其公司的特点；
- 确保提案的内容能给对方带来足够的好处。

人们往往容易根据己方的逻辑来构想提案内容，如果客户的企业环境与己方不同，那么提案八成不会被采纳。此外，还应尽量避免向相关知识不足的人提出自己专业领域内的建议。部分提案者的现状分析缺乏深度，不了解对方行业的状况，盲目按照自己行业的规则、规定提出建议，这样也会招致失败。

商业提案获得采纳的五个关键点之二
能站在对方的立场给出建议

要点
切勿站在提案者的立场上

↓

自查方法
不要以提案者的立场或逻辑来自说自话 了解客户所在行业的规则、规定 务必充分把握上述第 2 点，包括客户所在公司的情况

13 内容要简明易懂

■ 务必用浅显、通俗易懂的语言

好的商业提案必须简明且通俗易懂,这一点毋庸置疑。要做到简明,需要注意以下几点:

- 提案内容要紧扣基于需求的课题的基本方针,不能太发散;
- 要用浅显的语言写作,文风要简短且条理清晰,结构不要太复杂。

有时候针对一个问题,我们会想出很多创意,于是就会想着把这些全部写进提案。但是,如果把不符合基本方针的想法一并写进去,最终只会毁掉提案。

所谓通俗易懂,既要求内容易于理解,也要求文章易于理解。能用浅显的语言来解释复杂的概念,这非常重要。

长句的主语和谓语之间有很多成分,理解会变得困难,需要耗费很大的心力才能得出最后的结论。因此,重要的一点是尽量使用短句,提纲挈领地把想要表达的内容写成文章。

商业提案获得采纳的五个关键点之三

内容要简明易懂

要点

提案内容要写得简明易懂

↓

自查方法

内容要紧贴基本方针
语言要浅显，不使用专业术语、缩略语、IT用语
语句要简短、提纲挈领，避免使用长句

14

标题充满魅力，能引发共鸣

■ 相同内容也会因措辞变化产生不同的效果

标题是商业提案能否获得采纳的决定性因素之一。必须注意的是，即使是同样的内容，使用不同的标题给人的印象也会完全不同。为此，我们需要：

- 添加感人至深、能引发共鸣的标题；
- 使用充满魅力的标题，塑造提案的良好形象。

例如，"全城联谊"汲取了婚恋活动与区域振兴两方面的需求而火爆出圈；"B级美食"使那些便宜又大众化的地方美食一跃成为热门话题；"一枚硬币"提供平价餐饮、商品和服务，在因经济萧条而勒紧裤腰带的消费者中大受欢迎。

再如，为加速消费者更换已有商品，促进品牌更迭而提出的"换乘特惠"，因乌冬面产业而把香川县命名为乌冬县，等等，这些标题和命名都引起了热议。

商业提案获得采纳的五个关键点之四

标题充满魅力,能引发共鸣

要点

标题决定成败

自查方法

添加引发共鸣的标题
添加充满魅力的标题
添加感人至深的标题

15 能展现提案的效果

■ 为商业提案加入预期效果

提案是否论及实施效果,是起决定性影响的最后一个因素。即使是内容非常精彩的提案,如果看不到实施后会带来怎样的效果,客户也会深感不安。

论及效果时应注意以下两点。

- 明确给出销售额等经济效果,并论及心理效果和影响等。
- 有相同案例时,参考其数值;没有相同案例时,根据相近案例进行推测。

不过,要准确地预测效果是极其困难的。

预测效果的方法之一是参考相同的案例;如果没有相同的案例,或提案本身是全新的,则需要参考相近的案例。

如果你平时就带着关注意识去接触信息和人,自然能够积累起一些与效果相关的数据。

商业提案获得采纳的五个关键点之五

能展现提案的效果

要点

通过经济效果、心理效果来展现提案的预期效果

自查方法

有相同的案例，以其数值为参考

没有相同的案例，根据相近的案例进行推测

完全没有案例可参考，也可实施市场测试

参考专家的意见

16

牢记商业提案的结构

■ 决定格式的四个要点

写作商业提案之前,首先要确定使用何种格式(参见第三部分)。以下四点会影响到格式的选择:

- 页数;
- 项目内容;
- 行文方式;
- 文本格式。

如能在一页纸上简洁概括内容,页数就选一页;如为客户提供更详细的建议,可选择多页。如果是委托提案,就设定符合委托内容的项目;如果是自主提案,那么现状分析、基本方针、解决方案这三个要素必不可少。最后,再决定提案的行文采用逻辑型还是结论型,文本格式采用文章型还是图表型。

决定商业提案格式的四个要点

1. 页数
单页还是多页
内部提案选单页，针对客户的提案可考虑多页

2. 项目内容
根据提案的目的决定提案要包含的项目，确定提案的目录

3. 行文方式
从提案的结论写起，还是从现状分析写起，展开富有逻辑的阐述

4. 文本格式
采用易于写作的文章型格式，还是正式的图表型格式

⬇

从 10 个格式范本中
选择可参考的格式（参见第三部分）

■ 两种写作类型——文章型和图表型

商业提案的写法可大致分为文章型和图表型两种。文章型的特点如下：

- 写作方便，可随时通过 Word 等工具轻松写就；
- 如事先准备好易于套用的格式范本，一旦内容确定，很快就能形成最后的文件。

文章型写作的不足之处在于只依靠文字，说服力不强。因此，在写作时应加入诉诸视觉的图表。此外，由于长句不利于阅读，应尽量分条撰写；如果实在避免不了长句的出现，则需要在小标题等方面多下功夫。

与此相对，图表型的特点如下：

- 图表型比文章型更具说服力，因此使用更广泛；
- 作图需要下大功夫，还要注意表格的前后衔接。

在以图表为主体的文件中，补充说明往往只有三言两语，要注意不能太节省笔墨，尽量给每一页都加上标题，按照"一页只写一个要素"的原则集中笔墨，更便于对方理解。

也可以使用投影仪提高演示效果。先从文章型开始练起，等熟练后再转为图表型的写作。一旦你习惯了这样循序渐进的写作方法，就会越写越流畅。

文章型与图表型的特点与差异

	文章型 （主要使用 Word）	图表型 （主要使用 PowerPoint）
优点	● 写作方便	● 使用图表，说服力强
缺点	● 说服力弱	● 作图需要下大功夫
要点	● 避免长句，加小标题或分条写作 ● 利用视觉效果	● 表格衔接要流畅 ● 写作要轻重分明
提出方式	● 直接使用	● 使用投影仪
时代感	● 陈旧	● 新颖，与互联网联动，并不断进化

17

商业提案的时间分配与写作思路

■ 做好时间分配以高效利用有限时间

文本格式选定以后,下一步就是思考如何基于构成的三要素,有效分配写作时间。如果花太多时间在现状分析上,就会导致后面的时间不够用,写出的商业提案内容不够充分。为了更好地利用时间,我们要做到以下两点:

- 同步推进现状分析与基本方针的研讨;
- 一边研讨基本方针,一边将解决方案具体化。

各项业务要同步推进。在提案的写作阶段,要对逻辑展开是否具备连贯性、是否包含多余内容等进行检查。

如果是小型的提案,那么进一步节省时间以尽快完成提案更为重要。

如果是提交参与竞争的方案,通常而言,其写作周期大约为一个月。因此,我们要在假定一个月写作时间的基础上,尝试进行时间分配。

写作商业提案的时间分配标准

步骤	假定写作时间为 1 个月			写作具体内容
	最初 10 天	中间 10 天	最后 10 天	
第一步 现状分析	7 天 实施时间		跟踪收集支撑信息	
第二步 基本方针	3 天 方针假说	实施时间		
第三步 解决方案	创意假说	12 天 实施时间		
写作具体内容			7 天 准备 实施时间	

■ 商业提案的三种写作思路

为了高效写作商业提案，建议采用以下三种写作思路：

- 从现状分析到设定基本方针，采用信息法；
- 提出为实现目的的解决方案，采用提议法；
- 提案的结尾，采用总结法。

所谓"信息法"，就是快速收集必要信息并进行整理的写作思路，适用于从现状分析到设定基本方针的阶段。这种思路类似于数学里的最大公约数，在考虑费用和效果的时候，也需要同样的思路。

所谓"提议法"，就是运用智慧和创意，寻找解决方案以实现目标的写作思路。这种思路充满智慧和创造性，正是展示创意的时候。

所谓"总结法"，就是去掉多余信息，进行简约概括的写作思路。在提案和方案写作的后半段，如何带着逻辑的连贯性对从现状分析到费用、效果的全过程进行总结，这一点十分重要。

这三种不同的写作思路不是从头开始一直用到尾，而是要根据不同工作节点灵活切换使用，才能高效完成商业提案的写作。

商业提案的三种写作思路

现状分析 基本方针 费用、效果 最大公约数 ⬇ **信息法** 快速搜集必要信息，并进行准确的分析，发现相似性	解决方案 扩展思路 ⬇ **提议法** 充满智慧与创造性的思路。发挥想象力，扩展创意	提案的结尾 连贯性 ⬇ **总结法** 去掉多余信息，进行简约概括，注意逻辑的连贯性

18

快速变化的时代，写作速度决定胜负

■ 错过良机，就可能失去工作

在前面的章节中，我们提到了用一个月时间完成商业提案的写作，并给出了时间表，但如今快速变化的时代要求我们尽早完成提案的写作。正所谓"时间就是金钱"。

在本节中，我们给出了在最短时间内完成商业提案的写作方法，分别以"三天完成提案""五天完成方案"为题，总结出快速完成的关键。

即使是精彩纷呈的商业提案，如果错过提交的时机，也会被竞争对手抢占先机。因此，商业提案的写作速度十分重要。

特别是当提案来源于一些紧急对策，例如政策变更或法律修订、活动策划与新业务实施、灾害与事故对策、新数据与技术革新等，速度更是决定胜负的关键。

紧急提案事项

1. 政策变更或法律修订

消费税增税
啤酒税修订
继承税修订
退休金修订
高龄老人医疗费
负担增加
……

2. 活动策划与新业务实施

举办奥运会
磁悬浮新干线
铁路新线开发
区域再开发
新车站建设
联合国教科文组织收录
……

3. 灾害与事故对策

气候异常
地震、海啸
火山喷发
事故、灾害
疫情对策
……

4. 新数据与技术革新

日元贬值、股市上涨
科学与医疗技术进步
机器人技术进步
单身人口快速增加
……

19

快速写作的日程及诀窍

■ 三天快速完成提案

在本节中，我们将介绍在三天和五天的超短时间内，分别完成提案和方案的写作诀窍。

无论是花三五天的短时间内写完，还是花一个月时间写完，思维方式和写作方式基本是一样的。下面我们将按照顺序，分别说明在各自日程中应该做到的要点。请读者一边阅读，一边想象写作的过程。提案只需要写三要素的必须部分，因此可以很快完成。

- 第1天：发现可提案的课题，尽可能多地提出创意

通过收集到的信息发现课题，研究可以运用本公司的哪种技术来解决这个问题。诀窍是要尽可能多地提出创意，发现提案的更多可能性。

- 第2天：针对课题，选出被采纳可能性高的解决方案，确定提案的行文脉络

根据已掌握的信息，思考提议的主题、对象、解决方案

等行文脉络，形成提案的初步草案。

- 第 3 天：完成提案

提案的行文脉络确定之后，就进入提案的写作阶段。因为这一阶段的关键是快速总结，所以采用纯文字的提案也没关系，而且在此阶段我们形成一份提示方向性的提案即可。

■ 五天快速完成方案

第 1～2 天的工作与"三天快速完成提案"的前两天相同。利用剩下的三天时间来完成方案的写作。

- 第 3 天：写作具体的实施计划

在三天完成的提案中，仅给出了纯文字形式的实施计划。在这份方案中，则需要大力充实内容，把实施计划写得更具体。

- 第 4 天：写作费用和效果

概括总结费用和效果。需写明实施方案所需的费用，以及实施后的效果。

- 第 5 天：完成方案

按照要求完成方案。套用格式范本可以快速完成。

20 如何使商业提案无冗余又有说服力

■ 不要贸然着手写作

开始写作商业提案的时候，注意不能贸然着手写作，更不能为了塞入更多信息，而写成拖沓的长篇大论。

如果为了尽快完成方案，一开始不假思索地就动笔写作，其实反而会浪费时间。这是因为如果行文的脉络和要点没有整理好，后期调整会十分费力。首先整理收集到的信息，确定提案的核心要点，比如理由、内容、行文脉络和故事线等，然后再开始写作，就能写得流畅而绝无冗余。

此外，如果方案中有很多无用信息，就会影响读者的理解，削弱方案的说服力。因此要集中笔墨于 2~4 个要点，尽量避免长句，多使用关键词和标题等，用直截了当的语言简短表述。当然，文章写完后，再次检查也很重要。

提高写作效率的秘诀和关键

- **不要贸然着手写作**
  1. 确定最重要的部分——理由、内容、建议，在此基础上对行文脉络和故事线进行整理
  2. 贸然着手写作，必然导致大量地方需要修改，令写作过程倍加辛苦。此外，还会使文章缺乏连贯性、前言不搭后语
  3. 写作前，必须进行要素与数据的收集，简要记录即可

- **不写与主题无关或多余的内容**
  1. 避免长句，用直截了当的语言进行简短表述。如果信息过多，阅读的人会产生混乱
  2. 把要点浓缩为 2~4 个。比如"2 个注意事项""3 个解决方案""4 项建议内容"等
  3. 文章写完后，再次检查全文

21

有说服力的商业提案的写作技巧

■ 通过 DCK 提高说服力

好不容易因独特创意引起了对方的兴趣,却没有数据作为佐证,这样的方案缺乏说服力,也不会被采纳。为了提高说服力,你可以加入 DCK 三项内容。

- D:Data(数据)

有了调查数据的支撑,说服力就会增强。尤其是官方数据,准确可靠;私人公司的公开调查结果也可以使用;自己公司的内部调查数据也是有效的。

- C:Case(既有案例)

如果能提供与方案内容相关的实施案例、实施效果等实例,将进一步提升说服力。

- K:Keyword(关键词)

使用简短、令人印象深刻的词语作为关键词,可以提高说服力,并给人留下深刻的印象。

提高商业提案说服力的技巧

● 运用 DCK 提高说服力

D：数据
调查证据、研究机构的官方数据、问卷调查等

C：既有案例
实施案例、成功案例、失败案例等

K：关键词
用简短、令人印象深刻的词语进行描述，例如安倍经济学[①]、无缘社会[②]、团块世代[③]、数码银发族、女人四十、育爷[④]等。

[①] 安倍经济学是指日本第 96 任首相安倍晋三 2012 年底上台后加速实施的一系列刺激经济政策。——译者注

[②] 用来描述现代社会中人与人之间关系疏离、缺乏联系的社会现象。最初由日本 NHK 在 2010 年提出。——译者注

[③] 指日本 20 世纪 60 年代中期推动经济腾飞的主力，专指在 1947 年到 1949 之间出生的一代人。——译者注

[④] 日本育儿圈中的一个特定称呼，指那些积极参与孙辈养育的祖父们。——译者注

第三部分
PART 3

动手实践！商业提案的10种格式范本

22 商业提案格式范本（A-F）

■ A型：入门级结论型简易提案

A型是从结论部分开始写的单页单表式提案，是最简单的格式之一。该类型主要用于公司内部，当上司征求提案时，可用于完成委托提案。

- 从标题写起，再写提案理由，比如想法、提案意图等。
- 先阐述结论，再说明"为何做此提案"，最后阐述提案的背景与目的。

分条撰写提案要点，再分项目阐述与要点对应的具体方法。如有需要附加的资料，则添加标题后再附上。

A型提案未包含时间表、费用、效果等项目，这是因为我们的前提假设是上司并未要求提供这些。

如有特定的委托事项，则必须加上该项目。此时，需使用C型提案（下文介绍）。即使对方没有要求，我们也可主动加入时间表、费用、效果等项目，这样会使提案更加出色。

A型：入门级结论型简易提案

客户部门、职务、姓名_____先生/女士（若为企业，写企业名）

提案日期

提案事项名称

提案人所属部门、姓名
（若为企业，写企业名）

1. 标题	提案的标题用词要充满魅力
2. 理由 （想法、意图、目的等）	提案理由、提案背景、提案目的等
3. 对象	实施提案的对象（尽可能具体）
4. 要点	分条写作，说明提案的要点
5. 方法	分项目说明提案的内容
6. 附加资料	如有附加资料，填写资料标题

■ B型：入门级逻辑型简易提案

B型是从现状分析写起，按逻辑性展开的单页单表式提案。与A型提案一样，也是用于公司内部、自主提案时使用的最简单的格式。

- 就紧急课题的解决办法向上司进行自主提案。
- 首先进行现状分析，然后叙述发现的问题点。
- 从问题点导出明确的课题，并据此设定目的和目标。

自主提案时，首先说明"为什么需要这个提案"，会使提案更具说服力。现状分析至关重要，如果现状分析不彻底或者有错误，那提案的中心就会动摇，也可能失去其意义。

提案标题用于概括整个提案，要选择简短而富有魅力的词句作为标题。

目的和目标就是基本方针，而提案要点则是针对目的和目标的解决方案。要尽量采用条目式书写，分项目通俗易懂地说明要点。

此外，由于是紧急提案，该提案中没有包含时间表、费用、效果等内容，我们可以根据需要决定是否加上这些内容（相当于D型提案）。

B型：入门级逻辑型简易提案

客户部门、职务、姓名_____先生/女士（若为企业，写企业名）

提案日期

提案事项名称

提案人所属部门、姓名

（若为企业，写企业名）

1. 现状分析和课题	分析现状如何导向课题和提案
2. 目的和目标	为解决课题而确立的目的和目标
3. 标题	用词要充满魅力
4. 要点	提案的想法与提案要点
5. 对象	实施提案的对象（尽可能具体）
6. 方法	分项目说明提案的内容
7. 附加资料	如有附加资料，填写资料标题

■ C型：初级结论型综合提案

C型在A型基础上加入了时间表、费用、效果等内容，是从结论部分写起的单页单表式结论型综合提案。

- 根据紧急程度和重要性选择要填写的项目。
- 囊括所有内容。
- 如果放入全部内容导致空间狭小，可整理为左右相联的两页。

如果提案项目的要素完备，也可以作为方案使用。

■ D型：初级逻辑型综合提案

D型在B型基础上加入了时间表、费用、效果等内容，是单页单表式逻辑型综合提案。

■ E型：中级结论型综合产品提案

E型是用于产品提案的较简单的单页单表式结论型综合提案。

该类型既可用于委托提案，也可用于自主提案。以下项目必不可少：产品理念（关于产品的基本想法）、产品特色、产品设计、销售渠道、价格、广告、促销、销售目标、预期收益等。

产品策划涉及的项目较多，用 A—D 型提案无法应对。如果从现状分析写起，而不是从结论写起，还可以转变为逻辑型综合提案。

如果放入全部内容导致空间狭小，那就整理为左右相联的两页。如果提案项目要素完备，也可以作为方案使用。

■F 型：中级结论型综合业务提案

F 型是用于业务提案的较简单的单页单表式结论型综合提案。该类型既可用于委托提案，也可用于自主提案。以下项目必不可少：业务理念（关于业务的基本想法）、业务内容、销售方法、销售目标、预期收益等。

业务提案中的项目较多，用 A—D 型提案无法应对。如果从现状分析写起，而不是从结论写起，还可以转变为逻辑型综合提案。

如果放入全部内容导致空间狭小，那就整理为左右相联的两页。

C型：初级结论型综合提案

客户部门、职务、姓名_____先生/女士（若为企业，写企业名）

提案日期

提案事项名称

提案人所属部门、姓名
（若为企业，写企业名）

1. 标题	提案的标题用词要充满魅力
2. 理由 （想法、意图、目的等）	提案理由、提案背景、提案目的等
3. 对象	实施提案的对象（尽可能具体）
4. 方法	分项目说明提案内容
5. 时间表	从准备阶段到实施为止的大日程＊ （如果不含在委托内容之内，可不写）
6. 估算费用	估算费用 （如果不含在委托内容之内，可不写）
7. 预期效果	导入此方法后的预期效果 （如果不含在委托内容之内，可不写。 包含经济效果和心理效果）
8. 附加资料	如有附加资料，填写资料标题

＊所谓大日程，就是从商业提案获准开始，包含准备阶段、启动阶段及其后的计划安排在内的粗略时间表。

D型：初级逻辑型综合提案

客户部门、职务、姓名_____先生/女士（若为企业，写企业名）

提案日期

提案事项名称

提案人所属部门、姓名
（若为企业，写企业名）

1. 现状分析和课题	分析现状如何导向课题
2. 目的和目标	为解决课题而确立的目的和目标
3. 标题	提案的标题用词要充满魅力
4. 要点	提案的想法与要点
5. 对象	实施提案的对象（尽可能具体）
6. 方法	分项目说明提案内容
7. 时间表	从准备阶段到实施为止的大日程 （如果不含在委托内容之内，可不写）
8. 估算费用	估算费用 （如果不含在委托内容之内，可不写）
9. 预期效果	导入此方法后的预期效果 （如果不含在委托内容之内，可不写。包含经济效果和心理效果）
10. 附加资料	如有附加资料，填写资料标题

E型：中级结论型综合产品提案

客户部门、职务、姓名_____先生/女士（若为企业，写企业名）

提案日期

提案事项名称

提案人所属部门、姓名
（若为企业，写企业名）

1. 标题	提案的标题用词要充满魅力	
2. 理由 （想法、意图、目的等）	提案理由、提案背景、提案目的等	
3. 产品名称	适合产品的命名（包括确认注册商标等）	
4. 产品理念	说明产品开发的基本想法	
5. 对象	设想的销售对象（尽可能具体）	
6. 产品特点、设计	产品特点	产品设计
	具体说明产品的特点	体现产品特色的外观设计、素描等（详情作为附加资料提交）
7. 销售途径	说明使用何种销售途径	
8. 价格	设定销售价格体系	
9. 广告、促销	说明广告和促销手段的要点	
10. 销售目标	说明设想的销售目标	
11. 时间表	从准备阶段到销售为止的大日程	
12. 预期收益	与设想销售目标相对的预期收益	
13. 附加资料	如有附加资料，填写资料标题	

F型：中级结论型综合业务提案

客户部门、职务、姓名_____先生 / 女士（若为企业，写企业名）

提案日期

提案事项名称

提案人所属部门、姓名
（若为企业，写企业名）

1. 标题	提案的标题用词要充满魅力	
2. 理由 （观点、意图、目的等）	提案理由、提案背景、提案目的等	
3. 业务名称	适合业务的命名（包括确认商业专利等）	
4. 业务理念	说明业务开发的基本想法	
5. 对象	设想的销售对象（尽可能具体）	
6. 业务特点、内容	业务特点	业务内容
	具体说明业务的特点	业务的具体内容、要点（详情作为附加资料提交）
7. 销售方法	说明使用何种方法进行销售	
8. 价格	设定销售价格体系	
9. 广告、促销	说明广告和促销手段的要点	
10. 销售目标	说明设想的销售目标	
11. 时间表	从准备阶段到销售为止的大日程	
12. 预期收益	与设想销售目标相对的预期收益	
13. 附加资料	如有附加资料，填写资料标题	

23 商业提案格式范本（G-J）

■ G 型：初级逻辑型简明文字提案

G 型是由两页文字构成的逻辑展开型商业提案，是写作新手也能轻松驾驭的类型，可灵活运用于自主提案和委托提案中。

- 从现状分析和课题设定写起。
- 行文按照基本方针、实施方法、时间表、费用、预期效果的顺序。

从现状分析和课题设定起，到提案的基本想法止，总结到一页上。

下一页用来展示实施方法、实施时间表、估算费用和预期效果。

如果改变项目的顺序，也可转变为结论型提案。关键是要尽可能逻辑清晰且语言简洁。可采用条目式书写，极力避免冗长的文章。

该格式范本主要由文字构成，但如能插入一些图表，可增强说服力。

■H型：中级逻辑型综合文字提案

H型是由多页文字构成的逻辑展开型商业提案，主要用于面向客户的自主提案。它写作简单，如果改变项目顺序，还可转变为结论型。

- 在G型格式基础上，添加封面和问候语。
- 问候语部分除了问候，还应简要说明提案的目的或宗旨。

在G型提案格式各组成要素（现状分析、课题设定、基本方针、实施方法、实施时间表、估算费用、预期效果）的基础上，添加封面和问候语，在体例格式上做到对客户不失礼。

通过添加封面和问候语，可为商业提案增加分量感与庄重感。在问候语部分，除了问候，还要简要说明提案的目的或宗旨，即出于什么样的目的、要提出什么样的建议，将这些要点用条目式进行书写，突出重点。

如果问候语部分只写得出形式上的内容，而没有实质内容，则不妨省略。

H型与G型同样由文字构成，如果适当加入图表，有助于提高说服力和可信度。

G型：初级逻辑型简明文字提案

客户名 （公司内部提案时为部门名称、职务、姓名_____先生/女士）

提案日期

提案事项名称

提案人所属部门、姓名
（或企业名）

1. 现状分析和课题设定

社会动向等提案关联事项

业界挑战（问题点）

其他公司动向（竞争态势）

课题设定（根据现状与问题点，设定应解决的课题）

2. 提案的基本想法

● 标题（要充满魅力）

● 理由（想法、意图、目的等）

● 对象（具体的目标对象）

● 要点（分条撰写解决方法）

3. 实施方法

具体的实施方法（如何实施）

4. 实施时间表

从准备到实施的大日程

5. 估算费用

提供估算费用。业务提案、产品提案等有收益的提案需提供收益计划

6. 预期效果

实施提案会带来的效果，包含经济效果和心理效果

H型：中级逻辑型综合文字提案

客户名　（公司内部提案时为部门名称、职务、姓名＿＿＿先生／女士）

关于 ×× 的提案
（提案标题）

提案日期

公司名
（公司内部提案时为负责部门、姓名）

关于 ×× 的提案

问候语（前言）

出于什么样的目的
要做什么样的提案
等要点
- 降低成本
- 提高质量
- 建立新体系　等

（根据需要可以省略）

1. 现状分析和课题设定

社会动向等关联事项

其他公司动向（竞争态势）

业界挑战（问题点）

课题设定（根据现状与问题点，设定应解决的课题）

⬇

2. 提案的基本想法

● 标题（要充满魅力）

● 理由（想法、意图、目的等）

● 对象（具体的目标对象）

● 要点（分条撰写解决方法）

3. 实施方法

具体的实施方法（如何实施）

内容多时可分数页

4. 实施时间表（从准备到实施的大日程）

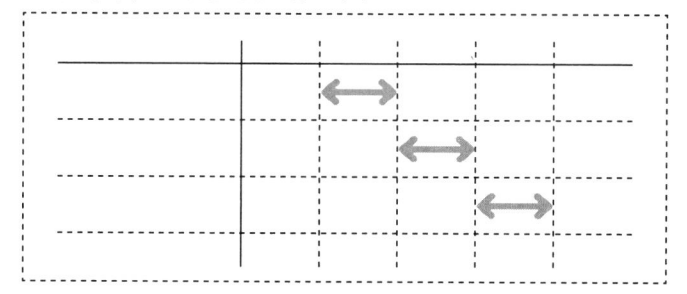

5. 估算费用

统一预算项目。如果是业务提案、产品提案等有收益的提案，需提供收益计划

6. 预期效果

实施提案会带来的效果，包含经济效果和心理效果

■ I 型：高级逻辑型简明综合提案

I 型是主要用于公司内部的高度简洁的单页单表式商业提案。

尽管只有一页，但因为内容丰富，也可在对经常联系、沟通良好的客户提案时使用。

- 内容丰富，写作时要抓住重点。纸张尺寸为 A4 大小，横向使用。
- 将一页纸分成三部分使用。
- 现状分析、基本方针、解决方案的具体展开要清晰易懂。

如果你担心向客户提交的提案没有封面，内容也仅一页，可能显得失礼，可将内容分成多页。

还可横向使用 A4 纸，可以丰富信息承载量，并且使展开更有逻辑。把一页纸分成三部分使用，既简约又美观。

按照规定行文顺序写作，可清晰展现提案的起承展结。

在现状分析部分，从收集到的信息中选择与提案相关的内容进行重点叙述，这是写作的诀窍。在一页纸上同时呈现现状分析、基本方针和解决方案的写作模式，能够让阅读的人对前后逻辑是否连贯一目了然地做出判断。

■ J 型：高级逻辑型综合提案

J 型是使用 PPT 等工具制作而成的图表型商业提案，以面向客户作演示为目的。

J型提案的构成部分包括现状分析、基本方针、提案要点、具体展开、时间表、费用和预期效果。

使用PPT等进行制作，可使设计效果更加美观，提高说服力。

- 有效运用图表，尽量避免纯文字表达。
- 尽力用一页纸说明一个项目，提高说服力。
- 通过统一的设计给人留下更深刻的印象。

尽量将各个项目分别写在一页纸上，这样可形成格式完备的方案，既方便宣传，也方便阅读。要精选信息，极力避免因空间不够而增加篇幅。

设计能力也能发挥重要影响，如何留白、如何安排文字的位置、大小、配色等也很重要。可以用颜色来突出想要强调的标题、要点等，使其引人注目。

但要注意的是，如果用色过多，不仅会显得没有品味，还会削弱其可读性。

Ⅰ型：高级逻辑型简明综合提案

客户部门、职务、姓名＿＿＿＿＿先生/女士（若为企业，写企业名）

提案日期

提案事项名称×××××××××

提案人所属部门、姓名

（若为企业，写企业名）

一、现状分析

1. 社会环境
- 分析社会潮流，尤其是与本方案相关的内容
  （根据具体情况，可省略）

2. 市场动向
- 行业大趋势
- 产品趋势、企业动向、流通动向等

3. 消费者趋势
- 消费者趋势、使用率、购买意愿、使用状况、各品牌评价等

4. 竞争状况
- 竞争企业的产品力、特点、不足、畅销品、广告、促销、流通措施等

5. 贵公司情况（内部提案为本公司情况）
- 客户方的现状与问题点、特点、不足等

6. 问题点归纳与课题
- 归纳上述问题点，从中发现课题

二、基本方针

1. 目的和目标
- 实施的目的是什么？要明确目的和目标

2. 对象
- 以谁为对象
  尽可能具体
  与产品的关联
  考虑不同的属性，以及不同的生活方式

3. 基本方针　（理念、切入点、标题）
- 提案的基础
  根据理念决定提案的切入点
  决定标题
  策划中最重要的部分
  选择有原创性的词句

4. 提案要点
- 条目式阐示提案内容的要点

⬇

三、具体展开

1. 实施方法
- 实施要点
  具体的方法。详情作为附页

2. 实施内容（表现形式、外观设计等）
- 广告表现形式、外观设计的想法、方向性

3. 展开时间表
- 从准备到实施的大日程

⬇

四、费用与效果

1. 估算费用（或收益计划）
- 实施所需的估算费用。如果是产品提案、业务提案等有收益的提案，提供收益计划

2. 预期效果
- 导入此方法后的预期效果，包含经济效果和心理效果

J 型：高级逻辑型综合提案

客户名 （公司内部提案时为部门名称、职务、姓名_____先生/女士）

提案事项名称（暂定标题）

面向老年人业务的
促销策划方案

提案日期
×× 年 × 月

提案公司名
（公司内部提案时为提案部门、姓名）

××的提案

一、现状分析

1. 社会环境
   65岁以上人口……
2. 市场动向
   缺乏支持老年人的制度……
3. 消费者趋势
   富裕的老年人多……
4. 竞争状况
   支持类服务很少……
5. 贵公司情况

↓

问题点归纳与课题

1

××的提案

二、基本方针

1. **目的和目标**

   将老年生活的不安感……

2. **对象**

   退休后保有资产的……

3. **基本方针（切入点及理念、标题）**

   生活助手……

2

×× 的提案

4. 提案要点

服务内容①	资产助手……
服务内容②	生活助手……
服务内容③	健康助手……
服务内容④	休闲助手……

×× 的提案

三、具体展开

1. 实施方法

①宣传推广活动

月缴 10 万日元套餐…… → 月缴 20 万日元套餐…… → 月缴 30 万日元套餐……

××的提案

②发展会员入会

```
通过介绍制度……
通过促销入会……
```
→
```
拜访大企业……
活动开始……
```

5

××的提案

2. 具体内容（表现形式、外观设计等）

〈资产助手〉
……………………
……………………
……………………

〈生活助手〉
……………………
……………………
……………………

〈健康助手〉
……………………
……………………
……………………

〈休闲助手〉
……………………
……………………
……………………

6

××的提案

四、展开时间表

宣传推广活动　　　　　　发展会员入会
……　　　　　　　　　　……

五、估算费用（收益计划）

广告活动费用……
DM（直销广告）费用……

六、预期效果

第一年的会员发展目标……

第四部分
PART 4

商业提案的三个构成要素

24

现状分析是商业提案的起点

■ 商业提案内容依据的大前提

现状分析是商业提案内容的大前提。

所谓现状分析,是你对现状的认识,对其中的特点和问题进行分析,进而发现课题的工作。它也是商业提案的起点。

- 向客户展示你的商业提案并非来自空想,而是有现状分析作为依据。
- 深挖现状中的问题点,并分析问题点如何导向课题。

以上两点是非常必要的。现状分析的具体内容要与商业提案中的现状分析项目保持一致。

现状分析要从社会环境、市场动向、消费者趋势、竞争状况、客户情况等方面收集与提案相关的信息。以这些信息为基础,发现客户存在的问题点和课题。

从收集到的信息中,精选所需内容,写入提案中。

快速收集信息，从问题点中迅速发现课题，是成为写作高手的捷径。

从现状分析中发现问题点

1. 社会环境
- 社会潮流
  选出与本提案相关的内容。根据实际情况，也可省略

2. 市场动向
- 行业大趋势
  产品趋势、企业动向、流通动向等

3. 消费者趋势
- 针对产品的趋势
  使用率、购买意愿、使用状况、各品牌评价等

4. 竞争状况
- 竞争企业的产品力
  特点、不足、畅销品、广告、促销、流通措施等

5. 客户情况
- 客户的现状、问题点、特点、不足等

↓

从问题点中发现课题

■ 信息收集的两种方式

只要掌握诀窍，就能提高信息收集的效率。知道要去哪里找什么样的信息，就是一种诀窍。在信息收集的过程中，迅速获得公开数据非常重要。

- 公开数据：报纸、杂志、白皮书、单行本、专业报告、互联网上的公开信息等。
- 需要调查的数据：对外保密的企业内部信息、门店信息、销售信息、客户满意度、专家意见等。

从公开数据中收集信息的工作，被称为案头调研。

收集信息的第一步通常从不用花费太多就能完成的案头调研开始。有些企业内部拥有大量信息，也有些企业可能没有什么信息。

如果案头调研无法提供足够信息，则需要进行实地调研，如通过网络调查、小组访谈和意见征询等方法收集数据。

关键是如何快速收集到足够的信息，以反映事情的全貌。

信息收集的两种方式

方式	特点
案头调研	公开信息 **来自书籍、调查报告、报纸、杂志、电视、网络等** ● 如能充分进行，可实现低成本的信息收集
实地调研	需要实际调查的信息 花费时间和费用 **通过网络调查、小组访谈、意见征询等** ● 掌握不同调查方法的特点，高效完成信息收集

■ 课题需要哪些信息

要发现课题，我们需要了解哪些信息？在考虑这个问题时，我们必须知道从哪里可以获得信息。主要的信息来源包括以下几类：

- 网络信息；
- 业界、团体报告；
- 意见征询、调查、报纸杂志等媒体信息；
- 工作负责人。

行政机关等发布的白皮书，很好地整理了各行各业经营情况的基本信息。近年来，民营企业也开始发布白皮书，汇总了基本数据。这些信息都非常有用。

部分这类白皮书可以通过网络获得。

各行业的市场份额、市场占有率等信息都可以从民营企业发行的数据中获取。专业杂志、经济杂志、行业报纸也是重要的信息来源。

另外，咨询经验丰富的行业专家的意见也可以学到很多诀窍。尽量参加与自己想了解的内容有关的研讨会和跨行业交流会，不仅要从专家处收集信息，更要与专家建立稳定的沟通渠道，这一点非常重要。

从五个视角收集信息

	信息收集内容	主要信息来源
1. 社会环境	（1）国家、公共机构数据（白皮书、家庭收支调查、人口动态） （2）民间数据（民间白皮书、智库） （3）经济杂志、经济报纸	网络
2. 市场动向	（1）市场动向调查（矢野经济研究所的市场占有率报告等） （2）民间数据库（最了解行业的数据库） （3）通过业界团体、协会、专家收集信息 （4）行业杂志、报纸	业界、团体、行业报纸、网络
3. 消费者趋势	（1）已有调查数据（行业调查数据） （2）POS数据（门店使用POS的数据，需高价购入） （3）意见征询（向门店或专家征询意见） （4）消费者调查（实施各种调查） （5）社交媒体、口碑情况	意见征询调查、报纸信息、网络

	信息收集内容	主要信息来源
4. 竞争状况	（1）公司名录 （2）民间数据库 （3）通过行业团体、协会、专家收集信息 （4）行业杂志、报纸	业界、团体行业报纸、网络
5. 客户情况	（1）利用公司内部信息网络征询意见 （2）在销售门店征询意见	负责人、网络

■ 使用委托提案意见征集单收集信息

向客户等收集信息时，为了不遗漏想要询问的重要事项，一个有效的做法是使用意见征集单。意见征集单的项目内容因业务不同而不同，也根据是委托提案还是自主提案而不同。关键是要制作一份适合自己业务的意见征集单。

委托提案的意见征集单应当包含以下项目：

- 确认问题点、课题和目的；
- 明确本提案的对象是谁；
- 弄清是否要求以特定方式进行提案或是否有行业限制等；
- 费用（预算）是多少，要求什么时候提交方案（交货期）；
- 过去的实施情况如何，包括实施过什么方案、其内容和效果怎样等。

在意见征集过程中，弄清客户寻求提案的目的是最基本的项目。另外，还要确认本次提案是单独委托给自己公司，还是也委托给了其他公司。

意见征集单："委托提案用"示例

	负责人姓名	
	访问日期	

项目		
1. 事先填写		
（1）客户企业名		
（2）负责人姓名（职务）		
（3）过去的业绩		
2. 研讨内容	● 要点	● 意见征集内容
（1）目的、课题	为何要实施 希望有什么样的效果 课题和问题点是什么	
（2）对象	实施的对象	
（3）实施内容 ● 针对方案的限制条件和要求		
● 方案的方向性	希望的方案	
● 过去的实施状况和效果		
（4）实施时间	何时实施	
（5）总预算	提供总预算	
（6）提交日期	提案的提交日期	
（7）提交内容	要提交什么	
3. 背景分析		
（1）竞争状况	独占还是竞争	
（2）取胜条件	取胜的条件是什么 价格、策划、独特性等	
（3）可能性、特别注意事项		

■ 使用自主提案意见征集单收集信息

在委托提案的情况下，我们可以从客户处获得信息，并制作意见征集单。但是，自主提案不是客户委托，这使信息收集工作变得异常困难，意见征集单上的项目内容也自然而然有所不同。

因此，学会从企业日常的经营活动中收集信息，将变得非常重要。

此时，提问能力如何就显得十分关键。在围绕基本情况提问时，应注意以下几点：

- 善于从对话中捕捉启示性的信息，以寻找客户的问题点和课题；
- 学会灵活变换问题，想办法从行业等其他话题中收集关键信息；
- 当面没能问到的信息，可考虑另找机会，换用其他方式收集。

仅仅一次意见征集并不能弄清所有想知道的信息。要收集更多信息，除了负责人，还应把其他部门的人也作为信息的来源。

此外，我们还可以从客户的公告栏、内部报纸、PR杂志、主页、SNS和口碑情报中获取信息。在信息收集的过程中保持耐心非常重要。

意见征集单："自主提案用"示例

	负责人姓名	
	访问日期	

项目		
1. 事先填写		
（1）访问企业名		
（2）负责人姓名（职务）		
（3）过去的交易业绩		
2. 意见征集内容	● 要点	● 意见征集内容
（1）问题点与课题	企业有什么苦恼 企业的课题是什么	
（2）流通、销售途径	渠道销售还是直销	
（3）客户层	主要的客户层	
（4）重点商品、重点对策		
● 重点商品		
● 重点对策		
（5）过去的实施内容	实施过哪些方案 其效果与问题如何	
（6）预算	全年预算	
（7）竞争状况		
（8）其他信息		
3. 本公司的应对方案 （1）提案可能性	是否有可提案的课题	
（2）下次访问的建议	下次的访问计划	

25

发现课题

■ 设定课题是基础

从收集的信息中寻找问题点,并从问题点中发现可着手进行提案的线索——这就是课题。要从多个问题点当中发现课题。

- 将最重要且急需解决的问题作为课题。
- 通过缩小课题范围,能够提出明确的解决方案。

课题设定是写作商业提案的基础。如果不能确定课题,就无法开始着手提案。解决方案是从课题中导出的,如果设定的课题过多,就会导致解决方案繁多,重点模糊。

如果选择了无法解决的课题,只会给自己徒增困扰。

因此,要设定能找到解决方案的课题,这是关键。当然,在委托提案的情况下,很多时候我们也必须挑战困难的课题。

发现课题的要点示例

Q1：是否因产品卖不出去而苦恼？

Q2：是否因竞争产品和竞争门店的出现而苦恼？

Q3：是否在某些地区陷入竞争困局？

Q4：产品的认知度和理解度是否不足？

Q5：负责流通的人不知道或不理解产品？

Q6：是否存在更高效的方法？

Q7：消费者是否懂得如何使用？

Q8：是否需要新的销售方式？

Q9：是否在销售、促销中使用网络或手机？

Q10：线上进行的销售、促销是否存在问题？

26

确定基本方针——目的与目标

■ 理念是用以说服对方的"专注与追求"

课题设定之后,接下来确定基本方针,即如何解决这个课题。商业提案的目的、目标等就是我们的基本方针。

此外,为了让实现目标的构想更加明确,有时会使用"理念"一词。所谓理念,是指给特定产品或提案内容所赋予的意义。

- 作为某个提案的前提的基本构想。
- 能用一句话说出来的简短关键词。

所谓理念,类似于专注与追求,让理念光芒四射正是提案的妙处。

以下以汽车制造的理念为例,基本方针还可以是用数值表示的改善和改革的目标值。

让理念光芒四射

所谓理念，就是概念或赋予意义，可理解为给特定的产品或事情赋予意义的专注与追求

↓

例：汽车制造的理念

理念 A	理念 B	理念 C
运输工具	享受速度	享受约会
↓	↓	↓
装载空间 装载重量	最高车速 加速性能	室内环境 外观、款型 身份象征

■ 确定市场定位

在思考采用何种理念的时候，或者想以更容易理解的方式为客户进行展示时，市场定位非常有用。所谓市场定位，就是为策划对象确定在市场中所处的位置。在与他者的比较中确定自身的定位，这在策划工作中非常重要。

特别是在业务方案和产品方案中，确定企业和产品的定位非常有效。在分析领先企业或领先产品是靠怎样的特点爆红市场时，我们要明确这些企业或产品的定位，找出自己公司应该瞄准的领域或有机会的领域。通常，我们要进行如下操作来确定市场定位：

- 设定由直角坐标系构成的市场定位图；
- 用点或圆圈在市场定位图中标注对象。

例如，在进行产品策划时，把客户选择产品的标准设定为坐标轴。在下图中，以设计为横轴，以功能为纵轴，构成市场定位图，将竞争产品定位在此坐标系上。

在与竞争对手的比较中，找到自己公司进入市场的定位，明确新进入的可能性。

市场定位图示例

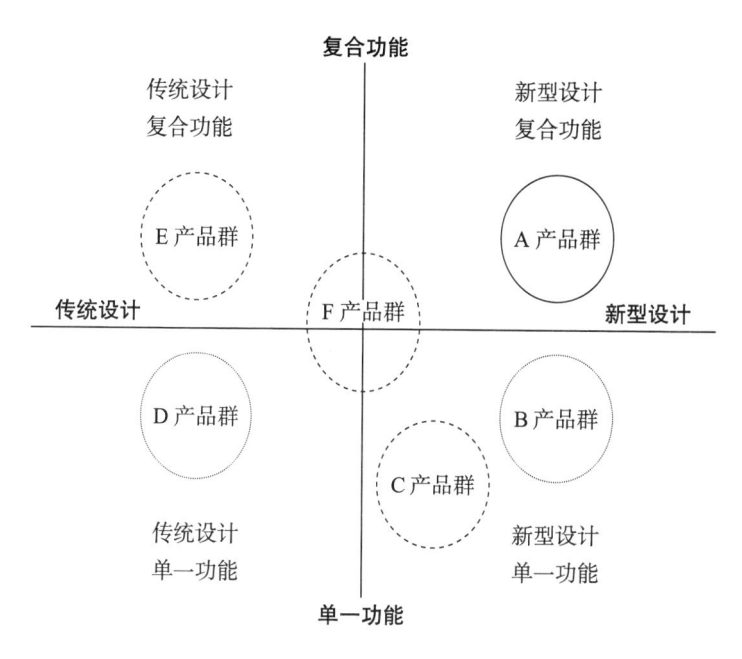

```
                    复合功能
                      │
  传统设计              │    新型设计
  复合功能              │    复合功能
                      │
     ( E产品群 )        │       ( A产品群 )
                      │
              ( F产品群 )
传统设计 ─────────────┼───────────────── 新型设计
                      │
     ( D产品群 )        │       ( B产品群 )
                      │
              ( C产品群 )
                      │
  传统设计              │    新型设计
  单一功能              │    单一功能
                      │
                    单一功能
```

■ 明确设定对象

如果提案设定的对象不清晰，就无法明确基本方针的目的与目标。因此，在设定对象时，需要考虑以下几点：

- 该对象是否适合实现提案的目的；
- 该对象的范围是否能进一步扩大或缩小；
- 该对象是否存在其他不同的切入点。

如果是公司内部提案，可以从职务、部门、性别、年龄、入职经历、能力等切入。例如，面向高管的特别培训、面向社会招聘员工及入职一年内新员工的说明会，以及面向女员工的管理者培训讲座等。

如果对象是企业，企业可分为大企业和中小企业，还有不同的行业，因此切入点必须明确。

如果对象是消费者，除了关注性别等基本属性外，关键要从生活水平、志趣与生活方式、使用产品、购买意向等多方面综合地把握对象。

如何明确对象

属性	性别、年龄、家庭构成、婚姻状况、所在地区
生活水平	收入、支出、储蓄等
志趣、生活方式	兴趣、爱好、生活态度、观念等
持有（使用）产品	持有（使用）产品、品牌和使用情况（忠诚客户）等
购买意愿	潜在客户、预期客户的购买意愿

所在地的商业状况

商圈
徒步圈
自行车圈
汽车圈
公共交通圈

广告战略

真实目标对象	假想目标对象
实际上购买的人	广告中表现的人

27

提出结论——解决方案

■ 解决方案要有鲜明的切入点和着眼点

怎样通过切入点来实现既定的基本方针？作为结论提交的解决方案能否给人留下鲜明的印象？这些都决定着你的方案是否会获得采纳。

所谓切入点，也就是聚焦于某处的着眼点。解决方案应满足以下几点：

- 内容是基本方针和理念落地后的具体方案；
- 切实可行，且具备现实性；
- 能给客户带来好处。

解决方案与理念之间不能存在鸿沟，如果理念新颖，但解决方法陈旧，肯定会辜负对方的期望。

当然，解决方案也不能与理念毫无关联。在下图中，我们试图以"服务"为切入点来思考解决方案。

新卖场提案：由购买实物到购买服务

| 用于购买实物商品的支出减少

用于购买服务的支出增加超过 40% | → | "服务"
⬇
享受绘画
与人交际
改善健康状态
保持香甜睡眠 |

卖场

| 传统卖场

钟表卖场、
家电卖场等 | → | 今后以"服务"为主题的卖场
⬇
以健康、酣眠、音乐等
为主题的卖场 |

■ 决定适合提案的标题

解决方案的标题决定了提案的第一印象，因此，最好给提案取一个恰当的名字。

要使用能激发目标对象的期待感和好奇心并且容易被记住的词语。标题好坏决定提案的生死，更会令接触到提案的人的印象产生很大变化。

例如，如果你手里有一份"退休老年人组织化提案"，不要直接以此为标题，而应以"快乐退休俱乐部提案"或"悠然自得人生规划提案"为标题。接下来，我介绍一些富有时代感的标题案例。

- 热点词：政治方面有"安倍经济学""三支箭"等，世代方面有"宽松世代""醒悟世代"等，观光方面有"游轮列车七星号 in 九州""磁悬浮新干线"等，老年人方面有"终结笔记""活跃型老年人"等。
- 变成流行语的词："壁咚""传奇""2025年问题""危险药物"等。
- 通用词："×活动""××骚扰""××难民""××女子""××男子""××后备军""××诈骗""××咖啡馆"等。

参考这些词汇，从中获得灵感，创新标题名称，会让提案的说服力更高。

引发话题的热门标题案例

政治	"安倍经济学""三支箭""地方创生""产业观光"等
世代	"宽松世代""醒悟世代""生涯独身""次世代"等
老年	"终结笔记""自我史""育爷""育儿boss""活跃型老年人""银发大学""终老活动"等
观光	"游轮列车七星号in九州""磁悬浮新干线""工厂参观""体验游"等
活动	"婚恋活动""备孕活动""求职活动""壮骨活动""晨间活动"等
歧视骚扰	"孕妇歧视""性骚扰""家务歧视"等
流行语	"壁咚""传奇""2025年问题""危险药物"等
Web	"云""积分卡""3D打印""E-Learning""SNS""比特币"等
生活	"××难民""××女子""××男子""××预备军""××诈骗""××婚""××折扣""××咖啡馆""共享××"等

28

制订实施计划

■ 将内容和方法具体化，订立时间表

实施计划是解决方案包含的个别具体措施，用以说明将采用怎样的方法、内容来实施解决方案，以及实施的时间和地点等。以下几点需要注意：

- 采用条目式撰写；
- 时间表划分为大日程和小日程；
- 计算所需费用并制订收益计划。

大日程是粗略的时间表，内容包括从决定写方案开始，到准备阶段、起步阶段及其之后的计划。小日程则是更加细致的日程安排。

费用一般分为估算费用和详细费用。在提案的策划阶段属于估算费用。在业务提案中，是业务的收益计划；在产品提案中，是生产和销售相关的收益计划。

如果可能，收益计划应提供未来三年的收支情况，且第三年要能产生单年度收益。

时间表和费用

时间表（大日程）

● 准备期	3 个月
● 宣传推广活动实施期	6 个月
● 跟踪期	2 个月

实施费用（估算费用）

● 制作相关费用	1000 万日元
● 活动相关费用	3000 万日元
● 广告媒体费用	5000 万日元
● 策划运营管理相关费用	800 万日元
总费用	9800 万日元

收益计划

项目	第一年	第二年	第三年
销售额	5 亿日元	8 亿日元	20 亿日元
成本	4 亿日元	6 亿日元	10 亿日元
营业利润	1 亿日元	2 亿日元	10 亿日元
各类支出	3 亿日元	4 亿日元	5 亿日元
单年度收益	–2 亿日元	–2 亿日元	5 亿日元
累计收益	–2 亿日元	–4 亿日元	1 亿日元

■ 预测效果

对实施提案后会收到怎样的效果进行预测十分重要。特别是自主提案，如果看不到效果，对方就无法判断提交的商业提案是否真的值得期待。

要准确预测方案的执行效果十分困难。这是因为即使实施内容与过去相同，受到前提条件和环境等因素变化的影响，结果也会出现微妙的差异。但是，作为接受商业提案的一方，如果看不到效果，就无法下决心实施。

预测效果时，需要注意以下几点：

- 效果包括经济效果和心理效果；
- 要与目标和目的联动；
- 不能凭主观预测效果。

我们经常会看到这样的情况：主办某项竞赛，主观预测报名数会在1万左右，但真的举办活动时，报名数却只有可怜的1000。这说明了在策划阶段进行一定程度的效果预测是多么重要。

如果是策划促销活动，则需要根据各种参考数据，对提案内容的效果进行预测。

促销的效果

推介制的成交率	● 大额耐用消费品： 　与推介类直销广告（DM）相对，购买率为 0.1%～0.2% ● 住宅购买中，经购房人介绍的占 50%～60% ● 邮购食品新增购买者中，通过介绍的占 30%～50%
抽奖促销的兑奖率	● 日后兑奖形式：10%～30%
优惠券的兑换率	● 报纸广告：0.1%～0.2% ● 折叠传单：2% ● 店内优惠券：10%
直营相关	● 邮购广告（报纸）：0.01%～0.05% ● 销售相关的获客成本（costs per order，CPO）：平均 1 万～3 万日元（部分 5 万日元以上）
IT 相关 （使用邮件的购买率）	● 网络经由名单：0.3%～0.5% ● 优质客户名单：1%～2%

注：本表数据是根据作者经验和公开数据推测得出的。

29

让商业提案更具统合性

■ 是否具备连贯性、逻辑性和故事性

写完预期效果以后,要通览全文,务必让商业提案具备连贯性和逻辑性。按以下几点要求做最后的检查:

- 与基本方针不相符的内容要彻底去除;
- 要合乎逻辑、具备连贯性地解释为什么提出提案;
- 文本要富有故事性。

如果是公司内部提案,可将重点写在一张 A4 纸上,并附上补充资料;如果是给客户的提案,一张纸会显得过于简短,因此要多写几页。不符合基本方针的内容要删除。另外,为了提高说服力,还要像戏剧一样进行巧妙安排,这一点十分重要。

在写作策略上,要清晰区分现状分析、基本方针、解决方案等构成要素,以方便对方做出判断。

商业提案的统合性写法

统合性：两个要点

连贯性与逻辑性
与基本方针不相符的内容要彻底去除

富有故事性
提案就像推理小说，要集中问题点，发现课题，并巧妙解决

写法：五个要点

1	2	3	4	5
各部分进行清晰的区分	给文章加上小标题	小标题尽量简短，用动词起头	尽可能采用条目式撰写	重要之处使用图表

30

进行文稿演示

■ 如何进行有效的文稿演示

如果要通过文稿演示向上司或客户提交提案,则需要提前做好一系列的演练。演练内容包括事前准备、设想提问并作答,以及如何分配说明时间等。

演练时,如果能够在三分钟内不看商业提案流畅地完成演示,说服力会大大提升。文稿演示需要注意以下几点:

- 开场白先说明演示什么、需要多长时间,之后再开始下一步;
- 将视线转向对方,不要只看文稿文件,要自信地进行演示;
- 边演示边观察对方的反应,并不断确认自己所讲页面的位置;
- 演示结束后,要进行简要归纳;
- 设置答疑时间,并准确回答提出的问题;
- 如遇当场无法回答的问题,约定好时间再次说明。

有效的文稿演示

态度、服装	① 自信地进行说明　② 注意服装的选择
开场	③ 开场先说明概要 做什么演示？需要多长时间？把这些信息说明之后再进入演示
说明中	④ 目光朝向客户　⑤ 边演示边观察客户的反应　⑥ 边演示边确认所讲的页面位置
结束时	⑦ 演示结束后，做简要归纳　⑧ 设置答疑时间　⑨ 准确回答提出的问题
结束后	⑩ 如遇现场无法回答的问题，要说明无法当场回答的原因，并约定好时间再次进行回答。

第四部分　商业提案的三个构成要素

127

31

合理利用最后 15 秒归纳主旨

■ 明确最想说的话

有人认为把商业提案所写的东西花时间说明白了就行，这种观点是不正确的。特别是当商业提案提供了大量信息时，有可能引起客户的理解混乱。信息太多，重点就会模糊，说服力就会减弱。

在文稿演示环节，重要的是明确在商业提案中最想说的话，并能够充分进行说明。因此，在演示的最后，15 秒定乾坤就显得尤为重要。

为什么是 15 秒呢？我们在看电视的商业广告（CM）时，往往看过之后无意中就记住了。大部分 CM 的长度都是 15 秒。在 15 秒内，我们可以说出 70~80 个字。这听起来好像很少，但如果能像下页那样精心安排，就可以放入足够的内容。

由于说明直截了当，说服力会很强，也能赢得客户的充分理解。

能用 15 秒说明的内容案例

案例 1：获客策略

通过实施面向××的获客策略，能够为我们的目标——具有高度知性好奇心的客户提供以下三个平台：
1. "清晨大学"未来私塾
2. 清晨研究会
3. 清晨交流会

案例 2：活动方案

通过开展××活动，为孩子提供自由快乐玩耍的空间，帮助孩子实现以下三点：
1. 按自己的意愿玩耍
2. 结交伙伴
3. 培养想象力

案例 3：媒体战略

××的媒体战略是通过充分运用 Facebook、Twitter、LINE、YouTube 等 SNS，能够以低成本获得良好的宣传效果。

第五部分

PART 5

学以致用!公司内部商业提案案例

32

公司内部提案的写作条件

■ 任何部门都有机会

公司内部提案无须等待上司的委托,要自主提出。不管是哪个部门,进行内部提案的机会无处不在。

- 经营策划部门。制订和修改经营愿景、中期计划、完善组织体制、吸收合并、开拓新业务等。
- 管理部门。降低经费成本、精简业务与提速、调整人事和组织、开展专业能力提升教育等。
- 业务部门和营销部门。强化擅长领域、开发新客户、引入直销、提高客户满意度、客户组织化、优化广告和促销手法、费用重估、完善调查手法、提高运用网络和IT进行销售的能力等。
- 生产和采购部门。降低成本、完善采购系统等。

各部门进行公司内部提案的机会

经营策划部门

- 制订和修改经营愿景、中期计划
- 完善组织体制、吸收合并
- 开拓新业务等

管理部门

- 降低经费成本
- 精简业务与提速
- 调整人事和组织
- 开展专业能力提升教育等

业务部门 营销部门

- 新业务提案、强化擅长领域
- 开发新客户
- 直销
- 提升客户满意度、客户组织化
- 优化广告和促销手法、费用重估
- 利用网络和IT等

生产和采购部门

- 降低成本
- 完善采购系统
- 调整合作公司
- 联合采购等

■ 公司内部提案要简单、快速、低成本

进行公司内部提案时，其制作也必须避免浪费。简单、低成本和快速这三点十分重要。

- 尽量减少提案页数，内容要具体并可立即实施。尽量避免出现问候语等不必要的语句。
- 让提案无须花钱。花费太高的提案即使内容中肯，部分企业也可能会因财务状况拮据，而被迫忍痛割爱。
- 委托提案应尽快完成，自主提案也要尽早提交。上司交办的委托提案应在提交期限前完成，加入上司的意见，使之成为切实可行的提案。

收到提案的上司需要通过请示领导或召开会议等迅速做出决策，这一步非常重要。因此，我们要根据提案的内容，判断应该交由哪个部门或哪个级别的领导进行审批。

创造便于自主提案的环境也很必要。部分企业已经实行了相关制度，以积极接受员工的提案。

公司内部提案必须重视这三点

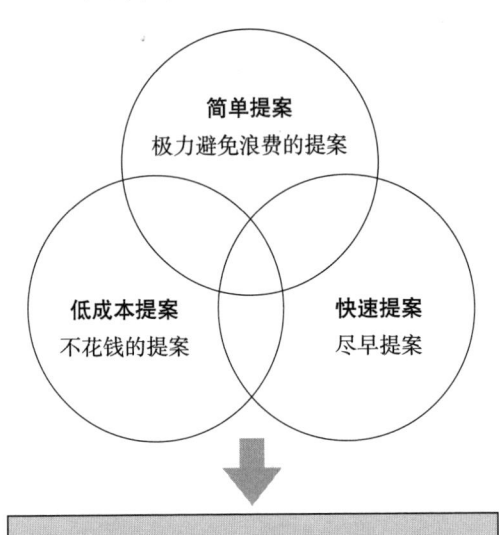

- **简单提案**
  极力避免浪费的提案
- **低成本提案**
  不花钱的提案
- **快速提案**
  尽早提案

↓

上司的快速决策

案例1：网络获客提案

■ 网络获客的要点

网络获客的要点是提高成交率和项目化比例，增加销售额。

- 销售额＝项目数 × 成交率 × 平均交易金额（项目数指正在进行洽谈的项目数量）
- 项目数＝接触数 × 项目化率（项目化率指客户通过电子杂志、展示会、广告等接触本公司后提出商洽的比率）

许多公司采取多种措施来增加与客户的接触数，比如举行研讨会、展示会，推出网络广告、电子杂志等。今后更为重要的是如何提高成交率和项目化率。

如今客户的购买行为变得越来越复杂。例如，他们会在购买阶段的各个时间点多次访问网站，也会为收集信息积极参加研讨会和展示会。还有对客户行为进行管理和定量评估，如点开电子杂志加10分、出席研讨会加30分等。仅把超过一定标准的客户列入名单，并制定针对他们的销售策略是一个行之有效的方法。

网络获客的要点

目标是提高销售额。关键点是成交率和项目化率

然而，很多企业只在提高接触数上非常热心

销售额 = 项目数 × **成交率** × 平均交易金额

↓

● 提高成交率的措施非常重要

↓

● 必须提高项目清单的品质
● 仅把超出特定标准的客户列入清单

↓

● 必须对客户行为进行定量评估

↓

建立客户行为管理机制

项目数 = 接触数 × **项目化率**

↓

● 提高项目化率的措施非常重要

↓

● 要从接触过的客户中不遗余力地创造出业务机会
● 不能让客户因信息过多而产生理解障碍

↓

● 必须采用符合客户行为特点的方法贴近客户

↓

建立客户行为管理机制

■ 实例：网络访客寻宝大作战提案

1. 提案背景

这一提案是企业员工的自主提案。该员工担心通过本公司网络平台进行的营销无法带来收益。为此，他提出解决方案，力图在根据营销结果生成的客户列表基础上，提高项目化率。

2. 提案内容与要点

该提案的本质是建立一种新的机制，把营销效率提高到极致，以确保产生收益。

- 要点1：怎样产出高质量的客户清单。

对客户行为进行定量评估，仅把超出特定标准的客户列入清单。

- 要点2：要从接触过的客户中不遗余力地创造出业务机会。

对客户浏览公司数字内容的位置（如主页）、访问次数、停留时间、参加宣传活动情况、是否下载资料等进行调查，采取必要方法努力贴近客户。

要想实现以上两点，就必须建立客户行为管理机制。该提案建议引入营销整合系统。

案例1：网络获客提案

客户部门、职务、姓名＿＿＿＿＿先生/女士

网络访客寻宝大作战提案

提案日期
提案人所属部门、姓名

1. 现状分析	网络营销达不到目标
	营销活动中的预期客户成交率差，未能把优质名单提交营销人员
	（1）预期客户成交率差：目前只有5%
	（2）电子杂志的项目化率差：目前只有0.5%
	课题
	（1）预期客户成交率提高到12%
	（2）将邮寄电子杂志的项目化率提高到3%

2. 基本方针	目的	对象
	提高业务效率，确保营销活动实现收益	所有客户（所有销售人员）
	标　题　　网络访客寻宝大作战 建立新机制，提高来访者名单质量，确保实现收益 实施方法：（1）提高预期客户成交率 　　　　　（2）提高从电子杂志、研讨会、展示会、网页来访中实现项目化的比率	

3. 实施方法	（1）引入营销整合系统 　　　引入基础系统，管理和执行以数字为中心的各种营销措施 （2）根据客户的不同行为特点，选用不同手段贴近客户根据客户在电子杂志中点击的URL或访问的网页等，调整贴近客户的手段 （3）管理客户行为并进行定量评估 　　　对客户的不同行为进行定量评估，如是否浏览电子杂志和网页、是否下载资料，以及研讨会来访情况等，管理预期客户 （4）为转交销售用的项目清单设定阈值 　　　为销售人员进一步接触客户设置定量评估标准

3. 实施方法	费用
	● 引进系统　　　50万日元左右
	● 系统运行　　　10万~30万左右（每月）
	预期效果
	和以往的营销措施相比，将收益提高10倍以上

案例2：业务改进提案

■ 如何进行有关业务改进的提案

有关改进业务的提案，可以从业务提速与业务合理化两方面考虑：

- 重新审视业务流程，明确相应的审批权；
- 改进账册、单据，促进业务合理化；
- 新创企业要明确审批权，并制作能够反映审批权的账册、单据。

在完善业务流程方面，应对会议的运作管理进行检查。很多会议是无用的，改进的空间非常大。

此外，整合随业务增长而增加的账册、单据，通过IT化实现信息共享和无纸化也非常重要。

另一方面，在新创企业中，审批权和工作规则往往很模糊，有的企业甚至连账册、单据都极少。这就需要明确审批权，并使用能够反映该审批权的账册、单据。

业务改进提案的要点

1. 业务提速

通过 IT 化共享信息
实现无纸化

2. 业务合理化

明确审批权
改进会议
完善账册、单据

3. 在新创企业中

确定工作规则,明确审批权
使用能够反映该审批权的账册、单据

■ 30分钟得出结论的"30C会议"提案

1. 提案背景

在体制陈旧的企业中,往往一有什么事就马上开会,因为很多经营者和高管不亲力亲为就不放心。不仅会议和碰头会频繁举行,领导还会时不时单方面通知开会,当场要求与会人员提出建议。

不仅如此,因为无法预知会议结束的时间,后面的工作计划也无法安排,这就是很多企业的现状。

因此,某位高管下发任务给相关负责人,要求他们提出改进会议方式的建议,于是便有了这份提案。只要解决了存在的问题点,会议就可以变得更有效率。

2. 提案内容与要点

为了在短时间内实现目的,提案建议"30C会议",即用30分钟得出会议结论。

- 明确目的,做好会前准备,务必得出结论。
- 限制时间,提前发放资料,积极建言献策。
- 做好会议纪要。
- 充分利用公司内部布告栏和SNS。
- 利用群组软件做好日程管理。

案例 2：会议效率化

客户部门、职务、姓名_____先生 / 女士

30 分钟得出结论的 "30C 会议" 提案

提案日期
提案人所属部门、姓名

1. 现状分析与课题	（1）会议浪费时间（平均每次 1 小时 30 分钟） （2）很多会议没有结论（10 次中有 4 次没有结论） （3）会议结束时间不确定，无法安排下一步工作 （4）发言者集中于一部分人
2. 目的和目标	彻底及有效利用会议时间
3. 提案标题	30 分钟得出结论的 "30C 会议" 提案 30C 的意思是 30 分钟得到结论（C 是 conclusion 的首字母）
4. 提案要点	30 分钟结束会议，并务必得出结论 人员最长集中时间 15 分钟，上限为 30 分钟
5. 对象	除高管会议以外的所有会议
6. 方法	（1）30 分钟结束会议 （2）务必得出结论 （3）事前分发会议主旨和资料 （4）与会人员带着自己的意见来参会 （5）务必做好会议纪要
7. 时间表	自 ××××年××月起实施 ● 准备时间：两个月 一个月用于制作内部说明材料，一个月用于开展内部说明
8. 估算费用	制作 "30C 会议纪要" 表格 内部复印制作，无须对外订购
9. 预期效果	会议效率化带来的成本削减效果为每年 ××万日元 ● 按 1 年 ××次会议计算，可削减 ××万日元人工费 ● 按 1 次 ××名参加者、平均时间成本 ××日元计算， 　1 次会议可削减 ××万日元
10. 附加资料	（1）会议纪要；（2）以往的会议成果资料

案例3：人事考核制度改进提案

■ 人事考核制度改进提案的要点

人事考核是人评价人，在标准、运作等各环节会出现各种问题。

考核要公平，标准要明确，要有助于提高员工的能力，要能促进企业业绩的提升，这几点非常重要。因此，在人事考核方面，需要进行如下改进：

- 按照明确的标准进行公平的考核，排除"个人好恶""根据心情"的评价；
- 员工能够接受评价，并有决心提高能力，才能促进企业的业绩提升；
- 实施目标管理，指导员工接受企业目标，并与上司协商确定个人目标。

一直以来，由上司单方面主导的考核较多，考核结果也不公开。而且单纯追求业绩，不仅会影响员工能力的提升，也会影响部门间的联动，因此，越来越多的企业开始引入综合考核制度。重要的是员工要能接受评价，并有干劲提高个人能力，从而促进企业的业绩提升。

从评价和能力两方面改进人事考核制度

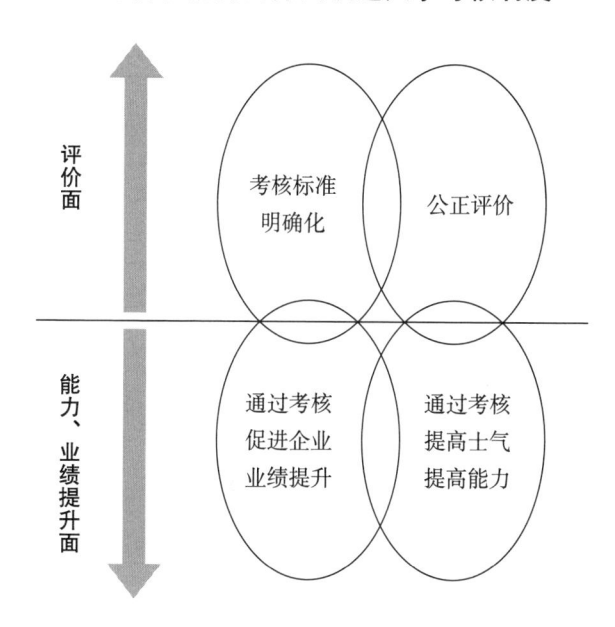

	考核标准明确化	公正评价
评价面		
能力、业绩提升面	通过考核促进企业业绩提升	通过考核提高士气提高能力

360度考核与目标管理考核提案

1. 提案背景

本提案是一份委托提案。由于现行人事考核制度不够清晰,存在诸多问题,人事部经理对人事部工作负责人下达委托,希望提交一份根本性变革的提案。

2. 提案内容与要点

本提案有两个要点:目标管理与360度考核。

通过将这两个要点结合起来,可以提高员工的士气和留存率。个人目标由本人发挥主动性,结合企业经营目标后制定。

比较理想的做法是,上司指定方向,而员工按照方向来设定自己的目标。

- 上司与下属对话,根据个人的不同能力和资质设定目标。
- 目标水平要定位于本人努力就能实现的水平。
- 上司提供达成目标所需的培训指导与援助,并负责构建必要的机制和环境。
- 明确考核标准,实施与下属协商确定考核结果的360度考核。
- 对考核者开展培训,将考核结果与次年度的目标设定联动起来。
- 努力建成能够持续实施的制度。

案例3：人事考核制度改进提案

客户部门、职务、姓名_____先生/女士

360度考核与目标管理考核提案

提案日期
提案人所属部门、姓名

1. 提案标题	360度考核与目标管理考核提案
2. 提案理由	（1）考核标准模糊不清（全公司的45%） （2）不告知考核的结果（全公司的28%） （3）考核不能提高能力（全公司的26%） （4）半数以上的离职理由是对考核不满（离职者的67%）
3. 对象	从普通员工到中层管理者
4. 方法	（1）与上司一起制定个人目标 ● 要与公司经营目标相联系，并加入本人能力提升目标 （2）导入360度考核，明确考核标准 ● 导入360度考核，上司与下属进行磨合 （3）开展考核者培训 ● 培训考核者，以消除考核者偏差 （4）结果运用于次年度的目标管理 ● 为了次年能继续实施目标管理，以中期观点开展考核
5. 时间表	从××年×月开始导入 ● 制度准备　　　3个月 ● 测试　　　　　3个月 ● 制度修订　　　2个月 ● 考核者培训　　1个月
6. 估算费用	聘用人事顾问，总额××万日元
7. 预期效果	员工对人事考核的不满意率从52%降至20% 员工离职率降低到原来的两成，提高员工留存率
8. 附加资料	实施目标管理的企业案例

案例 4：投诉对策提案

■ 投诉对策提案的要点

面对客户的投诉，在应对上每走错一步，都可能会损失数倍于此的客户。投诉一般发生在客户认为企业辜负信任、未能履约、应对问题不及时或者产品与期待偏离的时候。在投诉对策中，以下几点非常重要：

- 响应要诚恳、快速，第一时间解决问题；
- 绝不把投诉电话像踢皮球似地转来转去；
- 认真倾听客户意见，绝不反驳；
- 建立能够统一应对的制度。

另一方面，得体的投诉处理会给客户留下良好的印象，提升客户信任度，有些投诉的客户甚至也会成为你的忠实客户，因为很多投诉者其实是对产品和服务有着强烈依恋的人或粉丝。

投诉对策的五个要点

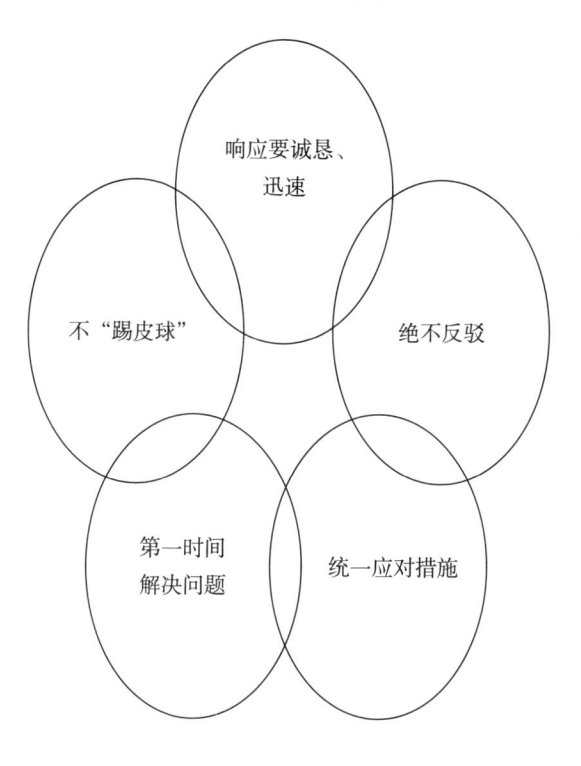

- 响应要诚恳、迅速
- 不"踢皮球"
- 绝不反驳
- 第一时间解决问题
- 统一应对措施

■ 零投诉"四叶草行动"提案

1. 提案背景

投诉对策并不像嘴上说的那么简单,有时候现场人员不经意地应对也可能招致隐性投诉,导致销售额逐步下降,等到察觉时,客户已经失去。这份提案就是见证过投诉现场的员工根据亲身体验撰写的自主提案。

2. 提案内容与要点

提案名为"零投诉'四叶草行动'"。因为不论现场负责人再努力应对,靠个人也难以解决投诉问题,所以投诉对策需要全公司的共同努力。

本提案是一场需要全员参与的行动,以全公司通力合作实现零投诉为目标,谋求一致化的应对。

- 充分分析投诉内容,确定正确的应对方法并记录成册。
- 将投诉内容整理为数据库,实现数据共享。
- 快速响应:对客户来电立即响应。
- 最优先对策:把处理投诉放在首要位置。
- 防止再投诉:贯彻员工教育,避免再次投诉。
- 设立专门部门,建立能够应对重大投诉的稳定机制。

案例4：投诉对策提案

客户部门、职务、姓名_____先生 / 女士

零投诉"四叶草行动"提案

提案日期

提案人所属部门、姓名

1. 现状分析与课题	（1）投诉数量急剧增加（同比增长40%） （2）投诉的应对方式五花八门 （3）投诉应对陷于被动 （4）没有专门应对投诉的部门
2. 目的和目标	实施综合投诉对策，争取零投诉 ● 全公司通力合作，优先应对投诉，维持和扩大业绩
3. 提案标题	零投诉"四叶草行动" ——通过零投诉成为带给客户幸福的企业
4. 提案要点	（1）全员参与作战 ● 让全体员工对投诉做出一致化的应对 （2）快速响应 ● 尽早对投诉做出答复 （3）最优先对策 ● 第一时间处理投诉 （4）防止再投诉 ● 避免再次出现同样的投诉
5. 对象	所有部门
6. 方法	（1）全员参与作战：制作应对投诉的手册 ● 让全体员工都能做出同样的回答 （2）快速响应：共享投诉数据库 ● 累积数据分析 ● 即时响应系统 （3）最优先对策：贯彻最优先原则，设立专门部门 （4）防止再投诉：贯彻员工教育 ● 贯彻员工教育，让手册得到充分实施
7. 时间表	从××××年××月开始实施 ● 准备阶段6个月，包括手册制作、数据库建立、培训等
8. 附加资料	● 过去的投诉内容及应对数据 ● 考核系统方案

案例5：能力提升提案

■ 能力提升提案的要点

企业各个部门都需要提升员工的个人能力，而加强销售能力更是重中之重。在产品门店，一方面，尽管来店客人很多，产品却卖不出去；另一方面，心血来潮、冲动购买类的消费越来越多。因此，在销售培训中，以下方法将变得非常重要：

- 增强服务客户的能力，通过鼓励式销售法，提高卖场客户的购买率；
- 贯彻微笑服务，以赢得客户更多好感；
- 从卖场单体销售，转为全楼层综合经营，以满足客户的广泛需求；
- 对客户服务能力设置资格认证，以衡量能力提高的程度。

培训的必要性在所有部门中都在不断提高，即使是会计和行政人员也要进行法规和系统的学习。重要的是员工培训不能全权委托给讲师，单位负责人也要一起行动起来，编制适合本公司的课程计划，以结果导向型的实践性内容为佳。

不同部门提高员工个人能力

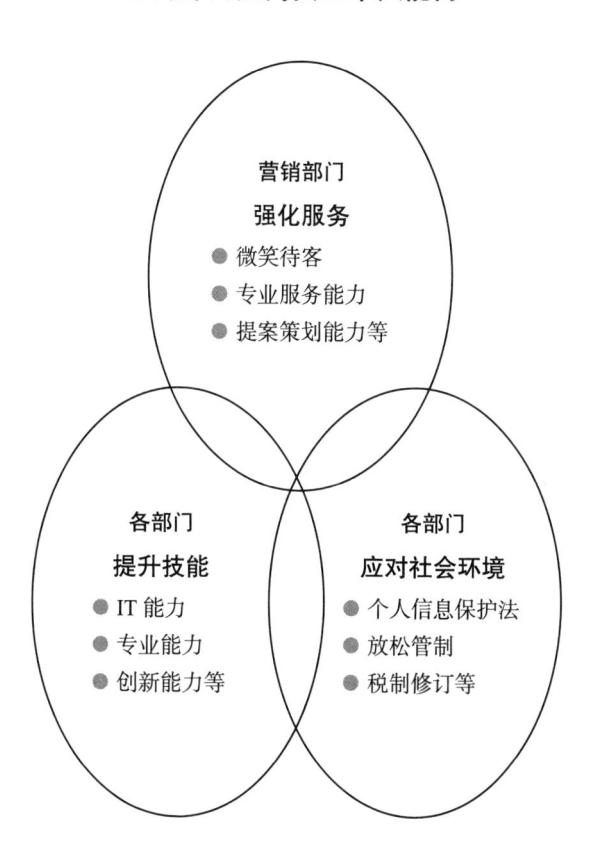

营销部门
强化服务
- 微笑待客
- 专业服务能力
- 提案策划能力等

各部门
提升技能
- IT 能力
- 专业能力
- 创新能力等

各部门
应对社会环境
- 个人信息保护法
- 放松管制
- 税制修订等

■"营销经理资格培训讲座"提案

1. 提案背景

近年来,依靠传统营销模式已无法销售产品,提案式销售日益成为必需。按照不同行业配备营销专员的企业,能否有效应对业界的动向呢?本提案就是对此抱有危机感的营销专员的自主提案。

2. 提案内容与要点

为了帮助销售人员掌握市场营销能力,本提案把取得营销经理资格作为培训目标,以提高参训员工的士气和积极性。下一步,还将纳入更高级别的资格——营销总监。

- 增强提案式营销能力,挖掘现有客户潜力。
- 以开拓新客户为目标,努力提高业绩。
- 研究消费者信息和不同行业市场,学习各行业促销手法。
- 学习提案营销的思维方式及写作方法,并将其运用到实践中。
- 根据参训态度及在讲座期间提交的商业提案,判断提案策划能力。

营销经理资格培训讲座提案要点

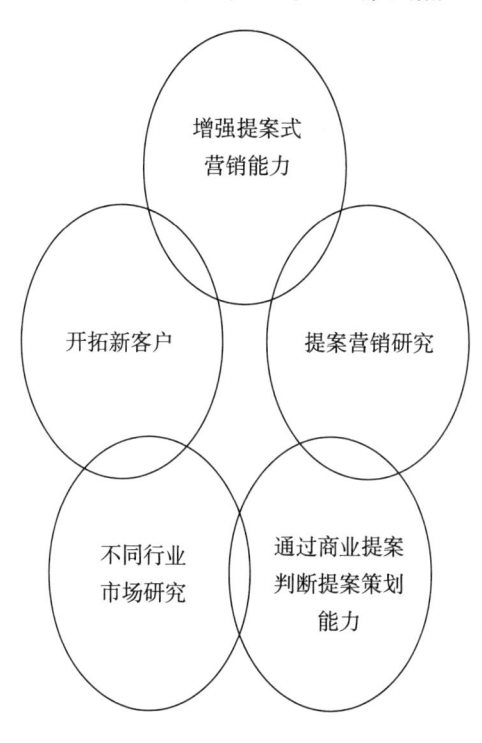

- 增强提案式营销能力
- 开拓新客户
- 提案营销研究
- 不同行业市场研究
- 通过商业提案判断提案策划能力

案例 5：能力提升提案

人事部经理_____先生/女士

提案日期

提升提案式营销能力
——营销经理资格培训讲座提案

销售部 ×××××

1. 营销相关现状分析与课题
   现状：（1）企业间竞争日趋激烈
   （2）客户销售额减少
   （3）公司的跑腿式销售是问题点
   课题：强化提案营销能力和市场能力
   - 让销售部门具备市场能力和提案营销能力，谋求与其他企业的差异化，从而在竞争中获胜，并进一步开拓更多新客户

2. 举办提案营销能力强化研讨会
   （1）提案名称：提升提案营销能力——"营销经理资格培训讲座"实施提案
   （2）目标：提升提案营销能力、市场能力，确保现有客户销售额并开拓新客户
   - 资格名称：营销经理
   （3）对象：销售部全体员工
   （4）主要内容：邀请外部讲师开办讲座、召开实践方式的学习会、认定资格讲座和实践分5次实施
   （5）举办日期：工作日夜间或周六举行，以免影响销售工作
   （6）资格认定标准：根据参训员工参加5次讲座的情况，以及提交的商业提案营销策略内容进行综合判断，授予营销经理资格。视实际业绩，可探讨对应的薪酬调整
   对取得营销经理资格半年后提案营销策略实践结果为优秀的员工，实施进一步培训，考虑下一步授予营销总监资格

3. 实施内容

营销经理讲座课程计划

第一讲：了解负责的行业与消费者
- 学习消费者信息

第二讲：学习各行业营销手法
- 各行业营销手法讲座

第三讲：学习营销关键技巧
- 营销关键技巧讲座

第四讲：学习写作商业提案
- 学习商业提案写作技巧

第五讲：制定提案营销策略
- 提案营销策略的立案与修改指导

实施后检查：实践半年后，检查销售策略，思考讨论下一步工作

4. 实施方法

安排时长为一年的系统课程，定期持续实施

各部门每月举办一次市场营销讲座，半年内实施全部 5 次讲座

每月一次，活动时间为 3 小时（下午 6~9 点）

5. 时间表

准备阶段：用于选聘讲师、商讨确定课程，2 个月
　　　　　××年×月—×月

实施阶段：讲座 6 个月。××年×月—×月
　　　　　实践 6 个月。××年×月—×月

6. 讲师及费用

讲师：根据主题选聘讲师

总费用：×× 万元

7. 效果目标

销售额预期效果：（1）对现有客户开展提案营销所得：提高 10%
　　　　　　　　（2）开拓新客户的销售额：确保 5%

营销能力预期效果：掌握提案营销能力，增强营销自信

案例6：新业务提案

■ 如何进行新业务提案

当通过现有产品获取新客达到极限时，公司会转向通过开拓新业务来创造新的销售额。此时，必须注意以下几点：

- 如果是与现有业务一脉相承的新业务，开拓起来会比较容易；
- 如果企业储备有开拓新业务所需的武器，如销路、客户、技术等，就可以此为基础展开；
- 先明确商业模式，即采取何种方式赚钱，再进军新市场。

设想的商业模式能否成立是关键，特别是对新业务来说，如何赢得客户是最重要的课题。因此，必须开展以验证为目的的试销。站稳脚跟、稳步提高销售业绩的战略非常重要。

新业务提案要注意以下两点

充分利用 企业保有的 资产	进军新市场 要有明确的 商业模式
销路 客户 技术等	如何赢得客户是 最重要的课题 推荐通过试销进 行验证

■ 面向老年人的生活助手新业务提案

1. 提案背景

本提案是一份委托提案。因为现有业务已发展到极限，总经理要求营销部门针对新的业务提出建议。于是，作为第一阶段成果，营销部门提交了这份提案。因为日本的婴儿潮一代即将退休，因此本提案将目光聚焦在了老年市场。

面向老年人的业务要想获得成功，必须充分了解老年人的特点。新业务必须考虑到老年人身体层面和精神层面的特点，才会得到老年人的支持。

2. 提案内容与要点

这份新业务提案开辟了一个新的领域——老年生活助手。子女一旦因为结婚等原因独立，家里就会只剩下老夫妻两人。如果再有一方去世，另一方就会成为孤寡老人。老年家庭人口少，生活方面伴随着种种不便，而消除这种不便的商务需求正在高涨。

具体实施本提案时，要重点考虑以下几点：

- 如能与各类服务提供商携手，共同打造支持网络，将大大提高业务成功的可能性；
- 开展以获客为目标的营销活动，应与提供退休专项服务的企业联手合作。

案例 6：公司内部新业务提案

客户部门名称、职务、姓名＿＿＿先生 / 女士　　提案日期

面向富裕老年阶层的生活支持新业务提案

提案人所属部门、提案人姓名

1. 现状分析与课题设定

日本 65 岁以上人口已超过 27%，已进入超高老龄化时代。尽管高龄人口增长迅速，但是支持高龄人口生活的服务却很少

（1）2015 年老龄化率达到 27%

- 随着婴儿潮一代步入老年，日本的老龄化率迅速上升，每 5 人中就有 2 人是老年人

老年人占日本总人口比例的变化
（65 岁以上）

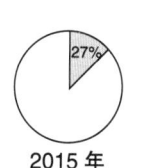

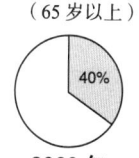

27%　2015 年　　40%　2060 年

（2）只有老年夫妻或单身老人的家庭增加

- 仅有老年夫妻的家庭为 30%、单身老年家庭达 23%
- 今后，这一比例还会继续增加

保有资产的老年人占比
（2013 年，60 岁以上）

37%　23%　22%　18%

不足 1000 万日元 ／ 1000 万～2000 万日元 ／ 2000 万～4000 万日元 ／ 4000 万日元以上

（3）富裕的老年人很多

- 60 岁以上家庭的储蓄平均为 2384 万日元；中间值为 1578 万日元（2013 年）
- 个体差异大。3000 万日元以上者为 26%，6 成的老年人为 2000 万日元以下

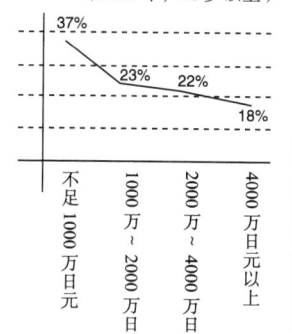

（4）为老年家庭提供的支持服务很少
- 面向老年的产品还在陆续开发中，提供支持服务的只有小规模勤杂服务店

（5）老年人心理上有抵触感
- 老年人对他人进入自己生活空间有抵触感

↓

现在，令人安心的老年家庭支持服务需求旺盛

2. 课题解决方案
   标题："快乐生活助手"新业务提案

目标和想法

开拓新业务，提供消除老年生活种种不安的支持服务，建设健康、富裕的社会

主要对象

富裕的老年人阶层
- 单身老人、老年夫妻
- 大企业里以高管、管理人员身份退休者，中小企业里以总经理、高管身份退休者
- 退休后拥有3000万日元以上资产的老年人

实施地区
- 第一年在东京圈试销，第二年以后在大阪、名古屋等大都市圈铺开

参加契机
- 退休时向其本人发出邀请；退休后开始使用"快乐生活助手"
- 企业人事部介绍、会员介绍

主要服务内容

（1）**资产助手**
- 管理及资产代管等

（2）**健康助手**
- 健康体检、医疗咨询、照护咨询等

（3）**生活助手**
- 照顾宠物、住宅勤杂服务、电脑咨询等

（4）**休闲助手**
- 国内游、海外游优惠服务、影剧票代购服务等

★与相关企业联手，提供各项服务

参加方式

以服务套餐为单位进行申请，参加多项套餐有优惠

（1）单项助手：1项支持

（2）双重助手：2项支持

（3）三重助手：3项支持

（4）全方位助手：4项支持

此外，还有可选助手项目

3. 业务开展

（1）会员服务

入会时开展客户调查，收集信息

- **资产助手**

  管理及资产代管、养老金、成年人监护制度、遗嘱/继承咨询

- **健康助手**

  健康体验、住院式全面体检介绍、医疗咨询、照护咨询

- **生活助手**

  照看宠物，生活勤杂服务、

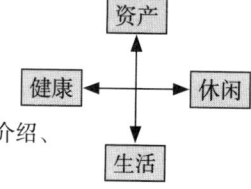

为老年生活的4个基础方面提供支持

资产 ↔ 休闲
健康 ↕ 生活

无障碍改造咨询、购物咨询、
电脑咨询、手机、
NPO 介绍，各种志愿者介绍
- **休闲助手**
  国内游、出境游优惠、文化学校推介、电影、观剧门票代购

（2）会费
　　每月 5000 日元起，4 种服务套餐
- 单项助手：提供 1 项服务　　每月　　5000 日元
- 双重助手：提供 2 项服务　　每月　　9000 日元
　　　　　　　　　　　　　　　　　　（▲1000 日元）
- 三重助手：提供 3 项服务　　每月　　1.3 万日元
　　　　　　　　　　　　　　　　　　（▲2000 日元）
- 全方位助手：提供 4 项服务　每月　　1.6 万日元
　　　　　　　　　　　　　　　　　　（▲4000 日元）

　　可选助手：可选单独付费服务

（3）会员招募方法
- 面向企业招募：拜访大企业和中小企业，招募会员入会
- 广告宣传：利用报纸、杂志、网络招募会员
- 介绍制度：通过会员介绍入会
- 促销措施：以放心参加为目的的试用入会等

（4）会员发展目标
- 第一年 3 万人，第二年 5 万人，第三年 10 万人
- 第一年在首都圈开展试销，发展会员 3 万人
- 之后扩大地区，五年后在全国发展会员 20 万人

案例7：新品上市推广提案

■ **新品上市推广提案的要点**

新品上市后，我们有很多旨在改善公司正在推出的广告、活动、促销等。虽然消费者逐渐远离电视和报纸等大众传媒，但互联网、智能手机和社交媒体等蓬勃兴起，口碑和公关的重要性也日益高涨。与此同时，新产品很难像过去那样给人留下强烈的印象。

因此，为了招揽新客户，下面的方法就非常重要：

- 改进媒体策略，加强促销和宣传活动，创造需求；
- 摆脱产品仅仅是"物"的思维方式，以"服务"为理念，强调产品怎样给消费者带来美好生活；
- 重视口碑传播，强化促销活动的现场服务；
- 销售渠道方面，开拓新渠道，弥补现有渠道的不足。

新产品上市推广的四种方法

改进媒体策略提案
大众广告效果不佳
新媒体的兴起
互联网、手机、
免费报纸等

创造需求提案
从"物"到"服务"的提案
新生活提案
生活变得富足
生活品质得到改善等

加强促销和宣传提案
柜台服务
提升待客能力、丰富销售方式
开设体验柜台
提升口碑

改进销售渠道提案
现有销售渠道的极限
开辟新渠道
进军直销领域

■ 对话型防盗机器人上市推广提案

1. 提案背景

对话型防盗机器人即将上市,市场部门接到举办推广活动的委托提案。他们将基本想法总结为下面的提案。虽然是提案,但也可以作为方案使用。

2. 提案内容与要点

推广活动应将目标放在实现销售目标、确保销路,以及赢得产品知名度上。由于是高价产品,在设定主要目标人群时，产品功能和支付能力成了影响目标人群购买的关键。以"一个会保护你的新伙伴"为标题，赋予对话型防盗机器人人格，以贴近单身女性消费者的需求。相关举措的要点如下：

- 以拥有本产品后的生活提案为中心，以招募产品体验官、开拓销售渠道和预期客户为目标，在各种活动现场和展厅进行实际演示营销；
- 在设想目标人群——女性容易聚集的购物中心等处进行推广；
- 重视宣传，力争低成本、高收效，也在杂志和免费报纸等处刊发文章。

对话型防盗机器人上市推广提案要点

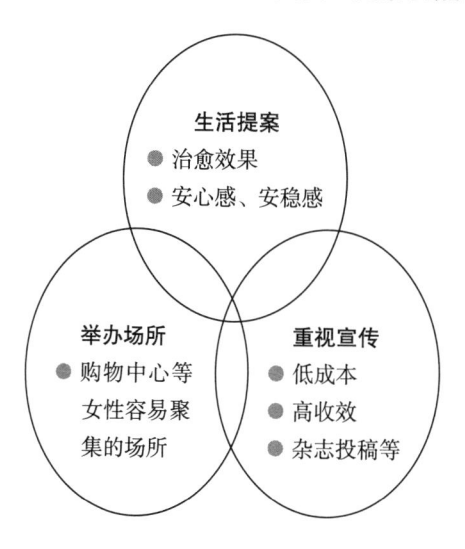

生活提案
- 治愈效果
- 安心感、安稳感

举办场所
- 购物中心等女性容易聚集的场所

重视宣传
- 低成本
- 高收效
- 杂志投稿等

案例7：新产品上市推广提案

××部经理 ××先生/女士

提案日期
提案部门、姓名

对话型防盗机器人上市推广提案

1. 现状分析

（1）社会日益孤立化，空巢越来越多
- 经济不景气，犯罪激增
  生活困苦带来犯罪增加
- 单身家庭增多，空巢情况增多
  未婚、非婚的增加，导致年轻单身家庭增多
  老龄化社会，也带来更多老年单身家庭
- 双职工夫妻增加，空巢之家增多
  双职工夫妻越来越多

（2）防范意识的提高与迈向孤立化社会的转变
- 各领域推出多种安防产品
- 安防产品的规模不断增长
- 单身者的增加导致孤立化的人增多

（3）机器人产品现状
- 从导入期到增长期
  对话式、防盗式机器人市场今后将快速增长，进军这一领域的企业有增加的趋势
  已上市产品（多数可通过手机遥控操作）
  A公司：治愈系动物形机器人，售价××万日元。
  B公司：巡视机器人，售价××万元。
  C公司：小型人形机器人，售价××万元。

（4）新上市产品特点
- 产品名"×××××"
- 小型轻量 尺寸：××cm××cm××cm。重量：×kg

- **动作**：底部有两个轮子，可在地板上移动，能够对话，并通过对话收集信息不断提升智能
- **远程操作**：可通过手机指挥机器人巡视家中，操作家电
- **特征**：人形，可爱，每次对话都能提高智力
- **价格**：××万元　　● **销售途径**：家电商店等
- **发售时间**：××年×月
- ★ **差异化竞争**：优势：设计、功能
　　　　　　　　劣势：价格、重量

问题归纳与课题

机器人产品尚处于导入期，具备高成长性，但社会**认知度不高、价格昂贵，必须采取切实可行的导入策略**。要基于差异化竞争，设定合适的对象，通过高效的宣传推广来进行市场导入

---

2. 基本方针

（1）设置推广目标

①首年销售目标：完成××万日元
②确保销售渠道并开拓新渠道
③提高商品认知度：提及认知度目标为××%

（2）设定主要目标对象

主要对象：未婚、非婚的职场30~40岁女性
　空巢时候多，防范意识高
　回家晚，容易感到孤独
　收入高，可以负担少量高额支出
次要对象：单身老年女性
　容易感到孤独，也非常需要安防对策

(3) 理念和主题

理念：一个会保护你的新伙伴
主题："一个会保护你的新伙伴"提案
释放对空巢盗窃和跟踪狂的不安，消除孤独，用充满对话的生活带来心灵的安宁。作为家庭的一员，提供治愈孤独感的环境

(4) 实施内容的主要亮点

提案1："一个会保护你的新伙伴"提案

有了机器人的帮助，就可以安心生活，放心外出。与机器人对话，会带来心灵的安宁。通过在门店和活动现场的演示，向客户进行推荐

提案2："一个会保护你的新伙伴"产品体验官

为了让客户切身感受到拥有机器人生活的优雅、富足，招募产品体验官，亲身感受产品设计面和功能面的特点

提案3：在活动现场和展厅进行实际演示销售

积极出席各类带有时尚感的活动。在主要目标对象聚集的活动现场和展厅进行实际演示营销。充分利用展厅展示作为演示营销和宣传的平台

3. 具体展开

(1) 实施方法和内容

① "一个会保护你的新伙伴"提案

以30~40岁的单身职业女性为对象，力图消除她们对安全防范的担心，治愈孤独感。制作视频录像和宣传品，在承担销售任务的家电商店及目标对象聚集较多的场所开展现场演示营销

② "一个会保护你的新伙伴"产品体验官

为了让客户切实感受到产品的好处，招募体验官
在女性杂志、面向女性的网站等处进行募集
体验时间：1个月，招募人数：1000名
提交调查问卷。担任体验官后，可以特价购入产品

③活动、展厅的实际演示营销

在主要目标对象聚集较多的活动、展厅中进行展示和演示营销，让这些活动和展厅变身为产品的销售渠道和宣传平台

（2）广告策略（使用媒体、制作内容等）

①重点关注宣传活动
新产品宣传的性价比很高，可用较少的费用完成
②选择包含影像并符合对象偏好的媒体
在电视、网络上积极投放影像；在女性杂志、网络上积极利用SNS打造口碑

（3）渠道措施

积极推进演示营销
积极开拓现有销售渠道以外的新渠道

（4）实施时期

售前广告：新产品发售前	2个月（××年×月—×月）
正式广告：发售时	1个月（××年×月—×月）
售后跟踪服务	6个月（××年×月—×月）

（5）所需预算与效果

总预算：× 亿日元
预期效果：● 完成销售目标
　　　　　● 开拓新销售渠道
　　　　　● 提高主要对象的产品认知率：××%

第六部分

PART 6

学以致用！给客户的商业提案案例

40

挖掘客户的提案需求

■ 各部门给客户的提案有哪些

企业已经越来越不愿意下订单给没有提案策划能力的合作伙伴了，因此，持续为客户提供建议方案在营销活动中至关重要。

以下总结了不同部门的提案实例，让我们抓住一切机会进行提案吧。

- 销售相关部门。通过提案式营销创造需求、开拓新销售渠道、锁定现有客户、扩大忠诚客户、提高客户满意度、利用异常天气和放松管制获客等。
- 市场部门。优化广告和促销、引进新方法、应对区域市场、各种业务合作、导入新营销手法、充分运用互联网等。
- 管理部门。强化监管对策、个人信息保护法对策、存款偿付对策、人力资源和业务外包、知识管理导入等。
- 生产和采购部门。批量订货、业务外包、应对环境问题等。

各部门的客户提案示例

销售相关部门
- 通过提案式营销创造需求的提案
- 开拓新销售渠道的提案
- 锁定现有客户提案
- 扩大忠诚客户提案
- 提升客户满意度提案
- 利用异常天气等获客的提案

市场部门
- 优化广告、促销的提案
- 引进新方法提案
- 应对区域市场提案
- 各种业务合作提案
- 导入新营销手法提案

管理部门
- 强化监管对策提案
- 个人信息保护法对策提案
- 存款偿付对策提案
- 人力资源和业务外包提案
- 知识管理导入提案

生产和采购部门
- 批量订货提案
- 共同采购提案
- 业务外包提案
- 应对环境问题提案

■ 给客户提案的要点

如果企业深受客户信赖，也有较强的提案策划能力，这样的企业会经常收到客户的委托提案。但是对客户来说，外部咨询不可能是免费的，因此其数量自然有限。

对于客户主动委托的提案，应积极接受。可以请客户提供有关现状、问题点、课题等的资料，并充分利用这些资料。要注意把客户也拉入到提案的策划过程中，努力将提案与获得订单联系起来。

另一方面，如果是向客户进行自主提案时，必须注意以下几点：

- 要靠自己发现客户的问题点和课题，因此要求高度的现状分析能力和市场营销能力；
- 平时与客户保持密切联系，努力收集信息，可以准确把握问题点和课题，更容易提出提案；
- 提案的目的是解决课题，提案的好坏是能否收获订单的关键，因此要积极施展本公司提案式营销的秘诀；
- 要持续进行自主提案，以期成为客户的咨询公司。

持续向客户进行提案

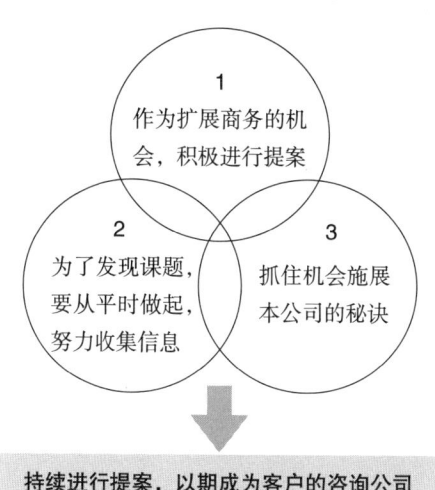

1. 作为扩展商务的机会，积极进行提案
2. 为了发现课题，要从平时做起，努力收集信息
3. 抓住机会施展本公司的秘诀

持续进行提案，以期成为客户的咨询公司

案例1：锁定客户提案

■ 如何促进客户持续购买

一般而言，企业用于开拓新客户的广告费是增加固定客户所需费用的 5~10 倍。也就是说，增加固定客户的成本更低。

因此，对于成熟期的业务来说，确保固定客户尤为重要。我们把增加固定客户称为"锁定客户"。想要锁定客户，需要考虑以下几点：

- 客户绝对不想被一家企业或商店锁定；
- 要抛开锁定客户的想法，从建立有效机制入手，让客户认可并购买商品；
- 打造客户喜欢的公司，培养店铺粉丝；
- 客户培养是重中之重，要推出适合客户特点的广告和促销手段。

下页我们以邮购业的"促进持续购买项目"的提案为例，通过某些措施，培养更多的忠诚客户。

促进持续购买项目示例（以邮购业为例）

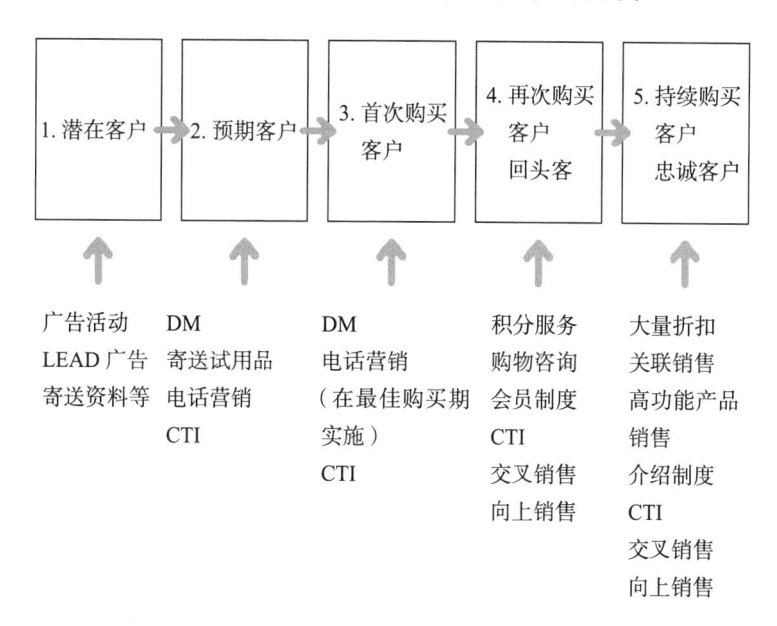

```
1.潜在客户 → 2.预期客户 → 3.首次购买客户 → 4.再次购买客户 回头客 → 5.持续购买客户 忠诚客户
     ↑              ↑              ↑              ↑              ↑
```

1.潜在客户	2.预期客户	3.首次购买客户	4.再次购买客户	5.持续购买客户
广告活动 LEAD 广告 寄送资料等	DM 寄送试用品 电话营销 CTI	DM 电话营销 （在最佳购买期实施） CTI	积分服务 购物咨询 会员制度 CTI 交叉销售 向上销售	大量折扣 关联销售 高功能产品销售 介绍制度 CTI 交叉销售 向上销售

购买 ──→ 客户培养（提高客户满意度、打造粉丝）

获取新客户的广告费用：
1万~3万日元

培养客户的广告费用：
1000~2000日元

- CTI：计算机电话集成
- 电话营销：运用电话进行客户信息收集或信息发布的系统
- 交叉销售：销售相关产品
- 向上销售：销售更高级别产品

符合客户购买历史与需求特点的宣传是关键

■"提高客户满意度，打造店铺粉丝"提案

1. 提案背景

合作企业流动客户多，缺乏客户管理机制，因此就如何锁定客户，向本公司提出了委托提案。

2. 提案内容与要点

这份有关"提高客户满意度，打造店铺粉丝"的提案引入积分卡，通过以下步骤，打造店铺粉丝：

- 记住每个客户的脸；
- 掌握客户的购买历史；
- 让客户感到受重视；
- 推荐下次购买的产品；
- 赢得客户对店铺的信赖。

首先，制定客户名单，记住客户的脸。对经常光顾的重要客户，通过积分提供礼物和特别服务，传达关怀。

根据购买记录向客户推荐下一次购买的产品，客户会因此感到高兴，并成为店铺的粉丝。

案例1：提高客户满意度提案

客户名   提案日期

提高客户满意度，打造店铺粉丝提案   提案人所属部门、姓名

1. 提案标题	提高客户满意度，打造店铺粉丝
2. 提案理由	（1）客户流动剧烈，没有稳定的客户层 　　● 固定客户只有8%，对客户不了解 （2）销售额变动大 　　● 因季节、天气等原因，销售额变动大 （3）为获得新客户，需持续投入广告费 固定客户只有8% 流动客户92% ××××调查
3. 对象	半径1km步行圈内居住的主妇层 　● 中产阶层生活水平的小家庭
4. 方法	通过5个步骤，引入积分卡，打造粉丝 （1）记住每个客户的脸 　　● 制作客户名册，记住客人的脸 （2）掌握客户的购买历史 　　● 在客户卡中填写购买记录，掌握客户的购买历史 （3）让客户感到受重视 　　● 对经常购买的客户实施积分送礼，提供特别服务 （4）推荐下次购买的产品 　　● 根据过去的购买历史，向客户推荐适合下次购买的产品 （5）赢得客户对店铺的信赖 　　● 通过1～4项活动，获得客户的信赖
5. 时间表	实施时间　××年×月 准备期间6个月
6. 概算费用	待定
7. 预期效果	力争通过本方案的实施，确保客户名单××名
8. 附加资料	积分卡相关资料

案例2：创造需求提案

■ 创造需求提案的要点

当今成熟社会，几乎所有产品都已普及。在这个时代，新产品的需求开拓变得十分困难。因此，通过新办法来创造需求、开拓需求就变得尤其重要。

例如，在老龄化迅速发展的日本社会，有关老年人健康生活的提案将备受期待。此外，面对老年人日益长寿的现状，"老年人生活与快乐提案"以及"长寿贺礼市场"也有很大的开拓余地。

站在创造需求的角度，解决消费者面临的问题和烦恼、提出优质生活建议等提案都将会迎来商机。这一类关键词包括时尚生活提案、优质生活提案、健康生活提案，以及地震、暴雨等紧急灾害对策提案等。

从生活场景中创造需求的提案

新礼品提案

为母亲节、父亲节礼物开发替代品,通过开拓新礼品市场来创造新的需求。以老年人为对象,着眼新的可能性,从"物"转向"服务"开发新礼品

鲜花和葡萄酒礼物套装　　出嫁时赠送父母钟表
设立"爱孙节"开发新需求　　各种纪念日提案
古稀(70周岁)、伞寿(80周岁)等贺礼的提案
"绿寿"提案(虚岁66岁时赠送绿色商品)

新生活方式提案

提议新的生活方式,通过前所未有的新生活场景,挖掘潜在需求

新优质生活提案:富足精致生活提案,优质生活
男士时尚提案:父亲节提案、老年人时尚
服饰搭配提案:情侣装(情侣衣饰、时尚对表、看似不经意的一致等)
老年专属提案:"银发夫妻感谢与爱的誓言仪式""寿照(临终照片摄影)"
单身生活提案:单身旅行、单身餐厅、单身生活方式
健康生活提案:改善代谢与运动障碍、搓揉小腿、健康食品

■"安心·安全生活"卖场提案

1. 提案背景

本提案是一个委托提案。应零售店老板因店铺业绩持续低迷,希望找到不同于以往卖场的能够创造需求的新切入点。

2. 提案内容与要点

新的卖场提案以消费者关心的"安心·安全"主题为切入点,着眼于商圈里关注健康的大量家庭主妇,打出了"安心·安全"的口号。

- 把销售与宣传有机结合,推出试用角、试用品。
- 与网页联动,为需要更多信息的客户提供综合信息。
- 创建"安心·安全"主题卖场。

瞄准对安心、安全非常关注的家庭主妇,卖场不仅销售食品,也同时销售服装、日用百货、住宅等相关产品,以实现跨界协同效应。这一提案注意到了当我们以安心、安全为关键词搜索产品时,会找到很多虽不出名但很好的产品。

这一创意层面的提案如获采纳,下一步将列出销售产品清单,并制订收益计划。

案例 2：新切入点卖场

客户名	提案日期
"安心·安全生活"卖场提案	提案人所属部门、姓名

1. 提案标题	"安心·安全生活"卖场
2. 提案理由	（1）消费者对安心、安全的追求正在迅速高涨 （2）对安心、安全的关注从食品延伸到服装、日用百货、安防产品 （3）尽管产品适合安心、安全生活，但由于认知度低、宣传不足，很多产品卖不出去 （4）截至目前，全面销售安心、安全生活产品的卖场很少
3. 对象	关注健康的家庭主妇 ● 认知水平高、生活富裕、向往大城市等 ● 购买理由是为了孩子和家人的健康等
4. 方法	设置"安心·安全"主题专柜，提供产品及相关信息 销售的同时与网络联动，兼做推广平台 提供详细信息，说明为什么是安心、安全的 （1）安心·安全食品专区 （2）安心·安全服装、日用百货专区 （3）安心·安全住宅专区 （4）产品试用专区 （5）宣传专区 卖场形象方案：宣传专区／安心·安全食品专区／产品试用专区／日用百货专区／安心·安全服装、住宅专区／出入口
5. 时间表	×××年6月实施（需要4个月准备时间）
6. 估算费用	卖场建设和网页制作 ××万日元
7. 预期效果	新销售额（商品销售+广告收入）预计 ××万日元
8. 附加资料	健康相关调查数据、健康相关产品一览

43

案例 3：利用 SNS 提案

■ 如何有效利用 SNS

SNS（社交网络）在商务场合的运用，一般都是通过口碑获客。不同企业获客的目的各有不同：经营目标为销售额的公司，其获客目的在于营销；经营目标为人才招聘的公司，其获客目的在于招聘。

用好 SNS 首先必须有充实的网络内容，并注意以下两个要点：

- 一是统一主题，要将主题集中于客户感兴趣的内容上；
- 二是摒弃宣传色彩，要同时提供其他公司与行业的相关信息，在其间混入本公司的宣传。

借助网络发布富有魅力的信息，举办具有话题性的活动，通过易于口碑传播的特点广泛散布，从而成功获取客户，这种营销方式我们称之为内容营销。

所谓具有话题性的活动，是指研讨会、展示会、学习会、体验式活动等。如何做好活动时的展示是这一方法的关键。

如何有效利用 SNS

商务场合运用 SNS 是靠口碑获客

1. 需要充实的网络内容——努力成为提供有用信息的媒体
   （1）统一主题：专注于客户可能感兴趣的内容
   （2）摒弃宣传色彩：同时发布其他公司及相关的信息

2. 最重要的内容是具有话题性的活动
   举办研讨会、展示会、学习会、体验式活动等与宣传内容相关的活动

⬇

开展网络营销

以数字内容的形式发布富有魅力的信息，
以能激发人气的方式举办有话题性的活动，
成功获客

✕ 发布<u>产品和服务信息</u>
　→宣传色彩太浓，客户不愿阅读

○ 发布<u>与产品和服务相关的读物</u>
　→引发客户兴趣，通过口碑传播

■ 利用 SNS 进行内容营销的提案

1. 提案背景

这是一份委托提案。客户因自己公司运营的 SNS 难以获客而提出委托，希望采取有效的对策。

2. 提案内容与要点

本提案的要点是主题。如果对社会贡献活动、热门主题等进行深入挖掘，这样的内容更容易通过口碑传播；相反，公司或产品宣传色彩太浓的内容会让客户敬而远之；如果选择的内容主题与公司的业务内容相关性太小，也会被客户认为不具备可行性。

- 首先确定活动的主题。与公司业务和产品相关的商业技能训练营（军队式训练）、见面会（网络发布通知，组织具有共同关注点的人聚会）是比较容易开始的主题。要充分利用已有实际成果的资源，比如客户曾实施过的公司内部培训等。
- 数字内容的主题最好与活动相同。
- 活动通告要以网页内容形式发布。
- 选择引发兴趣的读物型内容作为网络广告比较有效。

案例 3：SNS 活用提案

客户部门、职务、姓名＿＿＿＿＿先生 / 女士　　　提案日期

利用 SNS 进行内容营销的提案　　　　　　　　提案人所属部门、姓名

1. 现状分析	**SNS 运营无法获客** （1）客户对内容的反响率低：目前为 0.3% （2）客户受邀出席活动的出席率差：目前为 0.5% **课题** （1）提高客户对内容的反响率：目标签约率 5% （2）提高客户参加活动的出席率：目标出席率 2.5%
2. 基本方针	**目的** ● 通过网络发送富有魅力的信息，以能激发人气的方式举办具有话题性的活动，成功获客 **对象** ● 产品的预期购买客户：30～40 岁对网络内容感兴趣的女性 **标题**　利用 SNS 进行内容营销 避开对产品和服务本身的宣传，发布有吸引力的内容，实现成功获客 **实施方法：**（1）提高客户对内容的反响率 　　　　　　（2）提高客户参加活动的出席率
3. 实施方法	（1）内容的策划与运用 　　　与公司业务和产品相关的商业技能、与公司理念相关的社会贡献活动等 （2）活动的策划与实施 　　　以讨论为目的的"××见面会"、以教育研修为目的的"××训练营" （3）更新网络信息内容 　　　主页、博客、网络视频、社交媒体上的帖子、手机应用程序等 （4）制订广告计划 　　　配合新的内容主题，重新制订广告计划

4. 估算费用	（1）内容策划与运用 （2）活动策划与实施 （3）网络信息内容更新 （4）原创广告计划制订	100 万 ~ 200 万日元左右 20 万 ~ 100 万日元左右（1 次） 200 万 ~ 500 万日元左右 有待咨询
5. 期待效果	相比以往的 SNS 运营，项目化率提高 5 ~ 10 倍	

案例4：网络购物促销提案

■ 网络购物促销提案的要点

借助搜索引擎来增加访问量，并不是一件容易的事。

那还有什么其他办法呢？这里提供一个对策，那就是避开竞争性市场，转而开拓非竞争市场。这一想法是基于互联网购买行为的变化。

- Facebook和LINE[①]的普及，带来了购买行为的重大变化。通过把口碑作为信息来源，可以了解到自己所不知道的优秀服务和产品。

- 按不同主题发布信息的手机应用程序大受欢迎。用户可以利用片刻闲暇，浏览感兴趣的应用程序，共享信息，并直接通过智能手机购买喜欢的产品。

- 可以愉快阅读他人发布的信息，还可以顺便购买，这种机制已经形成。

[①] LINE 是韩国互联网集团 NHN 的日本子公司推出的一款即时通信软件，全球注册用户超4亿，主要在日本和中国台湾地区使用。——译者注

因此，推荐做法是开发一款可以方便发布信息并带有购买功能的手机应用程序。在摒除宣传色彩的基础上，通过这个应用程序发布信息，介绍产品和服务，并让用户可以通过应用程序进行购买。

网络购物促销策略

- 依赖大型电商商城，无法提高利润率
- 对搜索引擎的抢占竞争激烈

↓

消费者购买行为的变化

- 随着社交媒体的普及，购买行为出现变化，口碑开始成为信息源
- 其特点是能够发现自己所不知道的优秀服务和产品

↓

能在片刻闲暇发挥功用的应用程序普及

- 在应用程序中，按不同主题发布信息的服务很受欢迎
- 享受把应用程序当作读物的乐趣，并借此获得发现

↓

如何应对新的购买行为

- 开发带有购买功能的信息发布应用程序
- 发布包括其他公司和业界相关信息在内的信息
- 让用户能够通过应用程序购买介绍的产品或服务

■ 网购"信息发布应用程序开发"提案

1. 提案背景

为了提高电子商务网站的收益，企业急需有效方案。本提案就是针对这一委托，把创意层面的概要写成了委托提案。

2. 提案内容与要点

本提案的要点是缩小范围发布信息。提议在按特定类别划分的狭小范围内设定主题，例如"产品 × 时尚""产品 × 户外""产品 × 酷日本"等，将本公司的产品与人气主题进行组合。不同于以往的合作策划，本提案的主要目的是发布信息。

最重要的是要让客户获得具体的印象，而不是给他们建议抽象的方法。

此外，为了帮助客户理解应用程序的用法，可以向对方展示候选的具体信息内容，这是实现提案的捷径。为了让客户放心，还应明确运用的流程。很多客户对社交媒体有抵触情绪，也不愿冒险。如何从网络上无数的信息中进行取舍，选择与主题相关的内容，再添加解说和评论等独有信息后重新发布，这个过程必须明确。

案例4：网络购物促销提案

客户部门、职务、姓名＿＿＿＿先生/女士　　　　提案日期

网购"信息发布应用程序开发"提案　　　　提案人所属部门、姓名

1. 现状分析	（1）本公司电商网站的销售增长乏力 ①摆放在大型商城的产品销售额增长 ②本公司电商网站的访问量少 （2）课题 ①在关键词搜索的竞争中，敌不过大型商城 ②本公司电商网站的访问量少		
2. 基本方针	目的		对象
	通过信息发布应用程序，激发新的购买行为		信息发布的目标人群
	标题：信息发布应用程序开发 　　　通过信息发布应用程序，吸引新的目标人群 实施方法：● 策划和开发信息发布应用程序 　　　　　● 获取、编辑和再发布信息		
3. 实施方法	（1）市场调查 　　　从本公司产品和服务中，选择适合信息发布应用程序的产品和服务 （2）策划和开发信息发布应用程序 　　　与时尚、户外、酷日本等热门主题合作，共同策划和开发应用程序 （3）运营并发布信息 　　　获取、编辑和再发布信息		
	估算费用 ● 市场调查　　　100万～200万日元左右 ● 信息发送应用程序策划与开发　1000万～3000万日元 ● 信息发布应用程序运营　每月30万～100万日元		
	效果 在特定产品的电商网页打造成功案例，使其成为改变全部产品促销的契机		

案例5：区域振兴提案

■ 区域振兴提案的要点

区域振兴和地区重振是当下日本的社会热词。在这些关键词的召唤下，市民自发出谋划策的活动越来越多，许多有识之士也在努力探索解决区域问题的方法。

然而，这些努力大都关注通学道路、公园建设等特定问题，对于涉及区域整体的复合型课题往往缺乏关注。

思考此类课题时，牢记以下三点会更有成效：

- 进行区域振兴提案时，重要的是应明确是根据众多地方政府制订的综合计划书的哪个要点来陈述的；
- 参考国家公布的政策来提出解决问题的办法，也是十分有效的方法；
- 提案的内容应该便于行政机关向市民和监察机关说明选择该提案的理由。

区域振兴提案中的重点事项

现状分析	列出该地区的优点和缺点，探讨其间的联系
设定课题	对地方政府认为的课题与通过现状分析得出的课题进行分析，从中选出与区域振兴提案相关的课题，并进行整理
	1 地区居民　2 行政　3 本地企业　4 其他 4组对象各有怎样的课题，这些课题间有着怎样的联系，并对此做出整理
设定目标	针对设定的课题，确定相应的目标
决定名称	决定一个能够想象到画面的名称
基本方针	确定按怎样的行动计划朝着目标前进

■"未来可期的城市建设"提案

1. 提案背景

某地方政府在整备大学周边时,计划同步推进土地区划整理工作。本案例来自地方政府征求城市建设意见时收到的提案。

2. 提案内容与要点

很多地方政府都发布了综合计划书,在其中指明了未来城市的建设方针。地方政府的中长期规划均会根据综合计划书而制订。

- 从城市特点、城市建设规划、社会环境变化中找出四个课题。举例:大学魅力、农业文化、农业资产、地域社区。
- 基于预定目标,将提案命名为"未来可期的城市——未来城'光辉'"。
- 基本方针由"六个地区及连接它们的游览步道"构成。
- 将地区居民和未来居民设定为提案的对象。

在这个案例中,针对具体计划可以设置怎样的课题?以什么样的方针去解决这些课题?本提案给出了方向性的建议。

案例 5：区域振兴提案

客户城镇名

××市
未来可期的城市建设
"未来城'光辉'"
方案

2015 年 × 月 × 日

×× 股份有限公司

1.××市城市建设计划与城市建设课题

（1）现状分析

① ×市的现状	② 社会环境
■拥有大学的城市 　● 有一所成立20年的农业大学 　● 是一个学生聚集的城市	■少子老龄化加剧 　● 日本已经进入超老龄化社会 　● 人口持续减少
■农业之城 　● 属农业地区，栽培的蔬菜质量也好，有作为农业资产的水渠	■区域弱化 　● 单极集中化倾向加剧，区域社会趋向弱化 　● 长此以往，区域社会将会衰退
■区域一体感不强 　● 地区居民、学生等虽生活在此地，但缺乏一体感	■城市建设是当务之急 　● 区域振兴是当务之急 　● 各地都在推进城市建设

★××市城市建设计划★

①将农业大学周边建设为新市区
②充分利用农业大学，布局引进新产业
③形成新形式的社区

（2）发现课题

城市建设的四大课题

在这个提案中，设定了××市城市建设的四个课题：
①如何发挥大学的"智力"与"活力"
②如何传承农业文化
③如何盘活农业资产（水渠）
④如何建设"民""产""学"汇聚的社区

未来可期的城市建设"未来城'光辉'"方案　　第1页

2. 城市建设目标

（1）目标设置

① 城市建设目标

根据地理位置特点进行布局，建设学生、产业、农业与多样化家庭相互往来的地区，缔造××市新繁荣

② 城市建设理念

以"未来可期的城市"为基本构想，期待实现以下三点城市建设目标：
- 能源自给率100%的智慧社区
- 可供三代家庭安心、安全生活的城市
- 相互联结的城市

（2）名称

未来可期的城市建设
未来城"光辉"
安全、安心、有交流的城市
通向日本的未来、富足而生机勃勃的城市

（3）基本方针

① 连接六个地区的游览步道

将城市划分为特色不同的六个地区，各自赋予不同的目的建立机制，保证居民能够方便地自由往来

② 对象设定　● 地区居民（农家、学生、在此区域生活的人）
　　　　　　● 未来居民（赞同城市建设理念、今后会定居的人，移居而来的年轻人和活跃型老年人等）

未来可期的城市建设"未来城'光辉'"方案　　　第2页

3. 连接六个地区的游览步道

实施方法：
六大方针

- ①防灾与公共区域
- ②生态城居住区西区
- ③生态城居住区东区
- ④协作农业区
- ⑤移居老年人定居区
- ⑥商业设施与低层集中式住宅招商区

未来可期的城市
"未来城'光辉'"
■以游览步道连接

■游览步道区（×6）

未来可期的城市建设"未来城'光辉'"方案　　第3页

4. 连接六个地区的游览步道的内容

（1）实施内容

① 防灾与公共区域地区
- 太阳能发电、小型水力发电产生电力，储备于公园地下蓄电设备中
- 停车场配备电动汽车充电桩，供日常使用
- 公园利用废热发电
- 非常时期，除了防灾设施保留必须的最小限度电力外，其他电力用于救灾

② 生态城居住区西区
- 两代同住家庭住宅专用地，土地面积稍大
- 根据建筑合约，每户义务配备太阳能发电板和蓄电设备，街道也是如此
- 道路不穿过居住区，优先区域内儿童玩耍
- 区域内设置 Wi-Fi，可确定家庭成员位置。主要场所设置防盗监控设备

③ 生态城居住区东区
- 一般家庭住宅专用地。土地面积固定为约 165 平方米
- 全户装备太阳能发电板和蓄电设施
- 道路不穿过居住区，优先区域内儿童玩耍
- 可通过 Wi-Fi 确定家人位置，设置防盗监控设备

④ 协作农业区
- 大学开设面向老年人的农业讲座。租用农业区地块，举办农业体验
- 农业地块向公众开放，有意者可借用
- 布局涉农企业，进行测试栽培等实验
- 在收获季可享受蔬菜、水果采摘的乐趣

⑤ 移居老年人定居区
- 本区供来自大城市的移居老年人使用
- 招募民间人士进行设计和建造，城市面貌贯彻新理念，能够吸引老年人
- 挑选在大城市设有总部或分公司的工商业者，推动本区域移居
- 紧邻商业设施和农业区，适合活跃型老年人定居

⑥ 商业设施与低层集中式住宅招商区
- 本地区设计为"无需车辆的街道××"，附近居民实现徒步出行，老年人家庭也不会为购物感到发愁
- 提供区域内唯一的出租住宅，并附设诊所。为大学生提供合租房，为老年人提供无障碍设施等，实现个性化空间

（2）游览步道区域
① 步道为全天候型，屋顶铺设太阳能发电板
② 埋设共同沟管，集中所有通向防灾与公共区域地区的基础设施，避难时成为重要的能源导线
③ 几乎所有步道都与水渠相邻，让步行者能够感受到四季变化，这是未来城"光辉"的重要特色
④ 步道还可用作小型水力发电设施的维护道路

未来可期的城市建设"未来城'光辉'"方案　　第4页

案例6：健康老年商业提案

■ 如何开拓老年商务需求

婴儿潮一代已超过65岁，日本老年人口突破3300万，在总人口中的占比也在2015年达到了27%，老龄化现象日益严重。

随之而来的是，越来越多的企业将老年市场定位为商业目标。虽然人口总数在增加，但老年人的家庭结构和生活方式多种多样，因此很难简单获得市场。有的企业贸然涉足这个市场，结果铩羽而归。因此，最重要的是扎实制定好业务战略，然后再进入该市场。

- 开拓成熟社会中的老年市场，不应该从产品这种"物"开始，而应从"服务"的角度出发，提出有关消费者生活态度、生活方式的提案。
- 高龄会影响健康，因此，健康是重要的商业关键词。
- 退休后的人生变长，通过新思路"创造需求"尤为重要。

老年人的八种生活方式分析

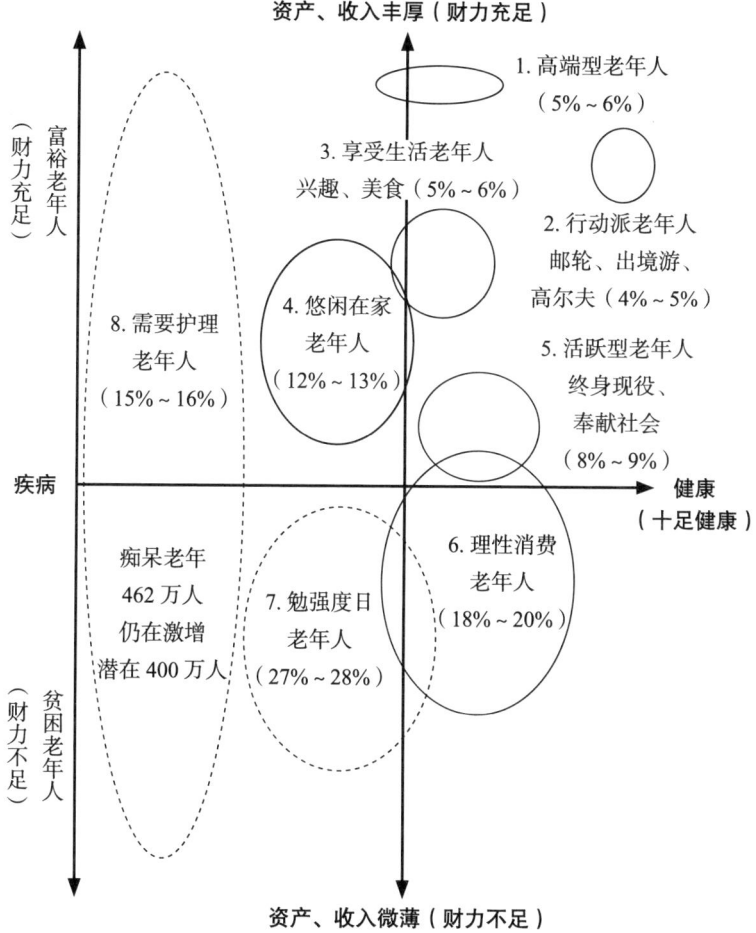

资产、收入丰厚（财力充足）

- 1. 高端型老年人（5%~6%）
- 3. 享受生活老年人 兴趣、美食（5%~6%）
- 2. 行动派老年人 邮轮、出境游、高尔夫（4%~5%）
- 4. 悠闲在家老年人（12%~13%）
- 5. 活跃型老年人 终身现役、奉献社会（8%~9%）
- 8. 需要护理老年人（15%~16%）

富裕老年人（财力充足）

疾病 ←————————→ 健康（十足健康）

- 痴呆老年462万人 仍在激增 潜在400万人
- 7. 勉强度日老年人（27%~28%）
- 6. 理性消费老年人（18%~20%）

贫困老年人（财力不足）

资产、收入微薄（财力不足）

富田真司
2014年5月修订

注：以老年人最关心的"健康"和"资产收入"为两轴，制作了本市场定位图。图中配置了八种不同的生活方式。整体份额占比的百分数是根据笔者假设进行的推定。

■"助力开拓老年健康市场"提案

1. 提案背景

本方案是由日本元气老年总研提出的方案。日本元气老年总研是以"让老年人更健康"为目标创立的。这份方案面向投身老年商务市场的创业者和新加入企业,旨在帮助他们获取老年市场的商务需求。

2. 提案内容与要点

虽然市场不断增长,但商业诀窍尚在探索阶段,这样的老年市场蕴藏着巨大商机。对老年人来说,健康是他们最为关心的问题。因此,本提案以"老年健康"为关键词,为投身老年商务市场的企业提供支援。

- 总研的目的:助力健康老年商务市场。
- 总研的理念:用GTI(健康、快乐、活着有意义)实现PPK(活得健朗、走得利索)。
- 组织健康老人,成立老年健康俱乐部。
- 为瞄准老年市场的企业提供商业诀窍。
- 通过面向企业和健康老人的两个网站来开展活动。

案例6：健康老年商务提案

××股份有限公司

"助力开拓老年健康市场"提案
——设立日本元气老年总研方案

一般社团法人　日本元气老年总研

---

1. 设立日本元气老年总研的目标和构想

（1）现状分析

日本已是超老龄化社会，需要新的应对措施

① 日本65岁以上老人已突破3000万，进入超老龄化社会。人人长寿的长寿社会本身是一件美好的事情

② 精神矍铄、身体健康的老人增加，能促进社会振兴；痴呆症和需要护理的老人增加，会加重国家和国民的负担

③ 截至2012年，日本有462万阿尔茨海默病患者，还有400万人患有可能发展为阿尔茨海默病的轻度认知障碍。这一数字预计未来还会继续增加。随之而来的是，需要护理的人会持续增加。在这种情况下，国家财政将难以为继。因此，日本当前面临的课题是如何增加"精神矍铄、身体健康的老人"。

（2）设立目的
为增加健康老人而设立日本元气老年总研
日本元气老年总研的设立目的是增加健康的老人。健康老人的人数增加也有助于削减医疗费、护理费等福利相关费用。因此，为了让老人更加健康，日本元气总研将开展各种研究及活动。此外，为了增加健康老人的数量，还将开设日本健康老年俱乐部，目标是在三年内发展10万名老年朋友

（3）基本理念
通过GTI实现PPK

很多日本老年人希望自己PPK，不受疾病的折磨，健康地长寿、不生病地死去

但实际上，绝大多数老人是在NKM（N：阿尔茨海默病，K：需要照顾，M：被看护）的状态下离世。今后，希望能有更多老人通过GTI实现PPK

我们希望通过日本元气老年总研开展的活动，增加健康、快乐、活着有意义、能大显身手的老年人

2013年10月10日
一般社团法人　日本元气老年总研

2. 日本元气老年总研的活动方针

**帮助希望成为健康老人的高龄者
支援从事老年健康事业的企业和团体**

帮助希望成为 GTI 健康老人的高龄者	支援从事 GTI 老年健康事业的企业
（1）收集健康老人信息，面向健康老人提供信息 ①收集健康老人信息，并整理为数据库 ● 三年内收集 10 万名健康老人信息 ● 收集健康老人的生活方式信息 ②面向健康老人提供信息 ● 通过主页、电子杂志邮件定期提供信息 ● 配合目的，提供对健康老人有用的信息 （2）开展有助老年健康的学习会或活动，帮助老年人结成伙伴 ①普及有助老年健康的学习会和活动 ● 召开由日本元气老年总研主办的学习会 ● 通过网站和电子杂志邮件发布学习会通知	（1）助力面向健康老年的商务和商品策划 ①开展针对老年健康商务的协商和咨询活动 ● 为新加入的企业举办学习会、协商、咨询活动 ● 为已经进入市场的企业扩大业务提供协商、咨询活动 ②开展有助老年健康的商品策划支援，以及评测、研究活动 ● 助力开展有助老年健康的产品策划。 ● 开展评测、研究、便利服务等 （2）助力面向老年健康的商品、服务推广活动 ①助力促销活动，让有益老年健康的产品和服务得到普及

② 帮助老人结成伙伴，以增加更多健康老人
- 为有助老年健康的学习会派遣讲师
- 策划、制作杂志，提供内容

（3）为健康老人提供大显身手的平台
① 为老人大显身手提供工作、NPO 等
- 为有意愿但缺乏平台的健康老人提供能够大显身手的平台和信息
- 提供信息包括：工作、NPO、爱好、体育运动等

- 支持以产品推广为目的的各种促销活动
- 组织化、持续购买、招揽新客户等各类促销方法的提案与实施

② 开展"认证产品""推荐产品"认证，推荐对促进老人健康有价值的产品
- 日本元气老年总研通过标志使用、网站介绍等，多方面推荐"认证产品"
- 日本元气老年总研通过主页公告、标志使用等支持"推荐产品"，助力扩大认知度

↓

通过 GTI 实现 PPK
健康老人结成伙伴
目标三年 10 万人入会

3. 日本元气老年总研的理念

日本元气老年总研的理念
通过 GTI
实现 PPK

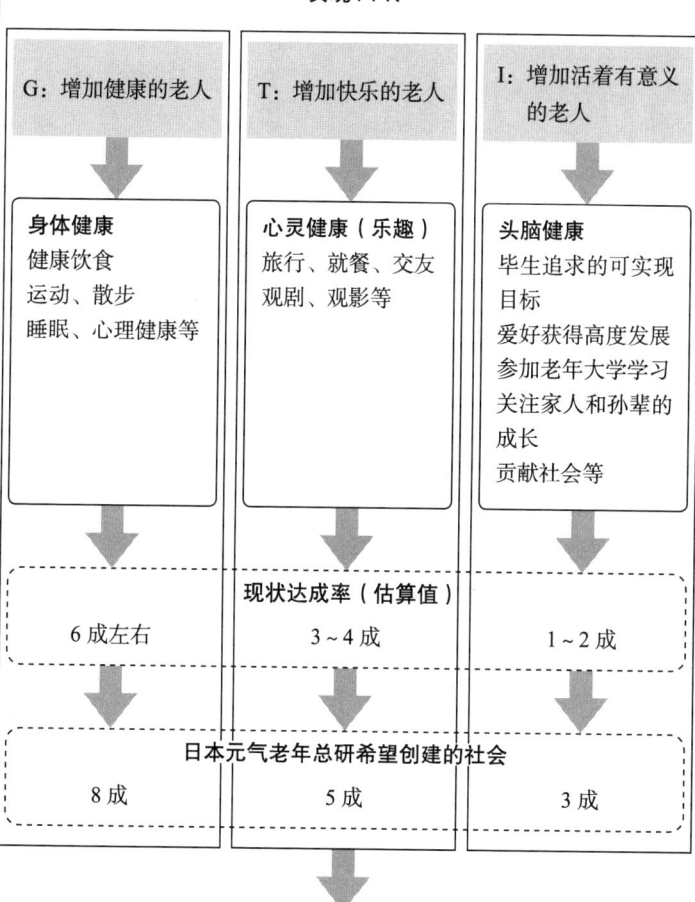

G：增加健康的老人	T：增加快乐的老人	I：增加活着有意义的老人
身体健康 健康饮食 运动、散步 睡眠、心理健康等	**心灵健康（乐趣）** 旅行、就餐、交友 观剧、观影等	**头脑健康** 毕生追求的可实现目标 爱好获得高度发展 参加老年大学学习 关注家人和孙辈的成长 贡献社会等
现状达成率（估算值）		
6成左右	3~4成	1~2成
日本元气老年总研希望创建的社会		
8成	5成	3成

延长日本人的健康寿命

4. 日本元气老年总研的活动目的

帮助对象
以 GTI 健康老人为目标的高龄者

支援对象
面向 GTI 健康老人开展业务的企业

★帮助老年人更加健康——
希望身体更健康的老年人
希望结交更多朋友的老年人
希望继续工作的老年人
希望大显身手的老年人
希望快乐生活的老年人

★帮助解决老年市场的商务难题——
不了解老年人的实际情况
无法获得老年客户
面向老年人的促销收效甚微
面向老年人的产品策划不佳
缺乏面向老年人的宣传内容等

帮助
老年人更加健康

帮助解决老年市场商务难题

5. 日本元气老年总研的活动内容

两个主页与对象匹配

以 GTI 健康老人为目标的高龄者健康老年俱乐部

健康老年俱乐部活动
- 健康老年俱乐部聚会
- 烹饪教室赞助活动
- 魔术教室赞助活动
- 其他赞助活动
- 健康老人学院
- 女性协会赞助活动

面向健康老人开展业务的企业

日本元气老年总研活动
- 业务支援、企业赞助
- 认证、推荐标志
- 商务研讨会
- 内容交付和讲师派遣
- 策划提案
- 横幅广告赞助

结语

在剧变时代，商业提案必不可少

日本是一个成熟社会，同时也是随时可能发生异常气候、地震灾害的国度。今天的日本正在发生剧变，因此也成为商业提案必不可少的时代。我们需要从符合时代需求的新视角，提出各种建议。

10年前我执笔的《流利写就文案宝典》受到大家的喜爱，成了长期畅销书。在该书出版10周年到来之际，我全面更新了原书内容，作为响应时代需求介绍商业提案写法的新书出版了。

本书在写作过程中得到矶部一郎先生、高谷良二先生的大力协助，借此机会向两位表示衷心的感谢。

■ 快速写作商业提案的五个诀窍

在本书最后，我介绍一下自己在商业提案写作中的实践经验，供读者参考。

1. 保持旺盛的好奇心和问题意识

商业提案的写作者应永远保持旺盛的好奇心，因为对于策划来说，新信息至关重要。

对于新信息，秉持问题意识是关键，必须从中发现自己需要什么。

2. 拥有自己专属的数据库

每天都会有大量信息从各处传来。从这些信息中，挑选能为自己提供帮助的信息并进行归类整理，形成自己专属的数据库。这样一来，就可以随时抽取需要的信息，从而实现快速提案。

3. 掌握三种思路的切换

写作商业提案时，区分信息法、提议法和总结法这三种不同的写作思路是关键。在商业提案的写作中，需要对它们进行明确的区分使用。

4."我能想出更好的点子"，永远保持积极思考

写作商业提案时，如果主观上认为很难，那么你一定写不出来。但是如果你认为"我能想出更好的点子"，那问题就迎刃而解了。因此，永远积极思考是很重要的。

5. 商业提案的写作务必留到最后

不要匆忙写作商业提案。在创意阶段认真做好笔记，待提案的全貌明确之后，再开始写作商业提案。如果匆忙写作，就会反复地重写，反而耽误时间。

TEIANSHO KIKAKUSHO NO KIHON GA SHIKKARI MINITSUKU HON

By Shinji Tomita

Copyright © 2015 Shinji Tomita

Original Japanese edition published by KANKI PUBLISHING INC.

All rights reserved.

Chinese(in Simplified character only)translation rights arranged with KANKI PUBLISHING INC. through Bardon-Chinese Media Agency, Taipei.

Simplified Chinese Translation Copyright © 2025 by China Renmin University Press Co., Ltd.

本书中文简体字版由 KANKI PUBLISHING INC. 通过博达授权中国人民大学出版社在全球范围内独家出版发行。未经出版者书面许可，不得以任何方式抄袭、复制或节录本书中的任何部分。

版权所有，侵权必究。